만들
어진
세계
사

엠마 메리어트 지음

윤영호 옮김

무엇이
진실이고

무엇이
거짓인가?

만들어진

세계사

BAD
HISTORY

우리가 아는 역사적 사건들이란 사실 그
시대를 살지 않았던 사람들이 당시 어
떤 일이 왜 일어났는지를 설명한 것이
기 때문에 신화와 전설, 오보와 거짓말
과장과 각색의 집합체라고 할 수 있다

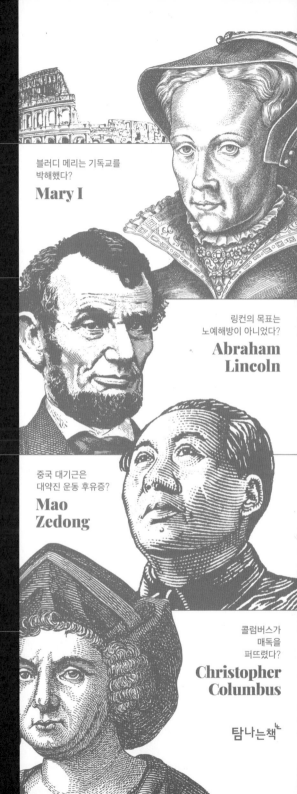

블러디 메리는 기독교를
박해했다?
Mary I

링컨의 목표는
노예해방이 아니었다?
**Abraham
Lincoln**

중국 대기근은
대약진 운동 후유증?
**Mao
Zedong**

콜럼버스가
매독을
퍼뜨렸다?
**Christopher
Columbus**

탐나는책

역사란

당시 그곳에 없었던 사람들이 말하는,

일어나지 않았던 사건들에 대한 거짓말 모음이다.

−조지 산타야나(George Santayana)

역사적 사건들이란 사실 신화와 전설, 오보와 거짓말, 과장과 각색, 그리고 엄청난 혼란의 집합체라고 할 수 있다. 미국의 평론가 산타야나가 말한 것처럼 역사는 그 자체가 근본적인 문제점을 안고 있다. 그 시대를 살지 않았던 사람들이 당시 어떤 일이 왜 일어났는지를 설명한 것이 역사이기 때문이다. 다시 말하자면 역사적 '사실'이란 것도 따지고 보면 학교에서 주입한 사실일 뿐 실제 일어났던 상황과는 다를 수 있다는 것이다. 대부분은 "아마 사실일 것"이라고 말할 수 있겠지만 일부는 진짜 사실이 아닐 수도 있다. 예컨대 영국

이 로마제국 일부였다는 믿음, 기차가 시간표대로 정시에 운행하게
된 것이 무솔리니 때문이라는 잘못된 상식 같은 것들이다.

과거의 사건이나 인물에 대해 잘못 이해하거나 오해하게 된 이
유는 엄청나게 많다. 역사적 증거나 기록이 부족했기 때문일 수도
있고 혹은 증거물이 신뢰할 수 없거나 서로 모순되기 때문일 수도
있다. 실제로 어느 사건을 놓고 목격자 열 명에게 사건의 실체를 물
어보면 열 명에게서 모두 서로 다른 대답을 듣게 되는 경우도 많다.
그러니 과거의 역사적 사건을 놓고 어떤 일이 일어났다고 말하기란
쉽지 않다. 특히 수십 년, 수백 년 세월의 틈이 있는 경우에는 사건
에 대한 해석 자체가 불가능할 수도 있다.

과거에 일어났던 특정한 사건에 대해 전후 맥락을 생략하고 사
건 하나만을 들여다보려고 하므로 문제가 발생하기도 한다. 아무리
과거의 입장에서 관찰하려고 해도 현대적 감각에서 사건을 해석하
게 되기 때문이다.

역사에 대한 해석도 따지고 보면 우리가 믿고 싶은 것에 불과한
것일 수 있다. 예컨대 아프리카를 개척했다는 영국의 세실 로즈는
한때 대영제국을 건설하는데 이바지했던 인물로 추앙받았었다. 하
지만 지금은 원주민을 학대하고 괴롭힌 제국주의자이며 무뢰한이
었다는 평가를 받는다. 과연 어느 것이 진짜 세실 로즈의 모습이라
고 할 수 있을까? 어느 것을 '잘못 알려진 역사'라고 말해야 할까?

역사 역시 인생처럼 복잡 미묘하다. 그런데도 과거를 단순화하
고 우리의 선입견에 맞도록 포장한다. 역사에서 자주 발견되는 오

류다. 역사적 인물을 정해놓은 캐릭터에 맞춰 영웅 아니면 악당이라는 식으로 구분한다. 역사에 등장하는 인물도 실제 있었던 인물이다. 당연히 우리처럼 선한 면과 악한 면을 동시에 갖고 있었을 것이다.

역사에 나오는 승리 역시 결정적인 전투로 완승했을 것이라고 믿고 싶어 한다. 하지만 대부분의 전쟁은 끝없이 지루한 진흙탕 싸움 같았다. 영웅이 나타나 장엄한 승리를 이끌었을 것 같지만 사실은 그렇지 않았다. 신화적인 상상일 뿐이다. 역사를 신화화하는 것도 동화처럼 크게 해로울 것은 없다. 하지만 그 신화가 정치적 무기로 쓰일 때는 재앙을 초래할 수도 있다. 압제 정권이 과거를 아예 창조할 수도 있고 구미에 맞게 왜곡할 수도 있다. 선전 전문가들과 정치인들이 역사 속 신화를 이용해 권력에 정당성을 부여하거나 정권의 권위를 강조하는데 악용할 수도 있다. 반대로 일부 인사들은 정부가 음모를 꾸몄다고 비난하는데 역사적 사실을 이용하기도 한다.

이 책은 상식적으로 널리 알려진 역사적 사실, 세상에 잘못 알려진 진실을 다시 한번 되짚어 보자는 의도로 썼다. 물론 모든 역사가다 잘못됐다는 것은 아니다. 하지만 혹시라도 이 책이 잘못 알려진 역사를 바로잡는 데 도움이 됐으면 좋겠다. 물론 책 내용에 동의하지 않는 사람도 있을 것이다. 필자 역시 '역사의 현장'을 지켜본 사람이 아닐뿐더러 역사학자 피터 게일의 말처럼 역사 자체가 끝없는 논쟁의 연속일 수 있기 때문이다. 하지만 잘못 알려진 역사 속에도 진실은 숨어 있기 마련이다. 이 책을 통해 감춰진 진실을 발견할 수 있기를 희망한다.

엠마 메리어트

차례

서부 개척시대는
무법천지였다?

역사의 일부는 상상력의 결과다. 대표적인 예로 미국 서부 개척사를 꼽을 수 있는데 '황량한 서부개척 이야기'로 인해 서부는 폭력적이고 잔인한 땅으로 알려졌다. 강인한 개척민들이 용감한 카우보이와 함께 무자비한 무법자, 야만적인 인디언들과 함께 부대끼며 지내야 했던 곳, 개척민들이 자신과 가족을 지키기 위해 정당방위라는 이름 아래 스스로 법을 집행했던 곳으로 알고 있다.

미국의 민속이나 음악, 소설에서 서부에 대한 이미지는 분명하다. 사실 서부 이야기는 미국인에게 아주 인기 있는 이야기 소재였기 때문에 19세기 후반에 벌써, 과거의 서부를 주제로 다뤘던 싸구려 소설들이 100만 부도 넘게 팔려나갔다.

서부개척시대를 배경으로 한 서커스 '와일드 웨스트'의 인기 역시 서부개척시대의 전설을 만들어 내는 데 일조했다. 1867년 이 서커스를 본 영국의 빅토리아 여왕조차 감탄할 정도였다. 여왕은 일기에 이런 글을 남겼다.

"커다란 원을 그리면서 엄청난 총알을 쏴대며 마차와 목장을 습격하는 장면은 진짜 감동적이었다. 들소 사냥 역시 보는 사람을 흥분시키기에 충분했다. 가만히 앉아 있기도 힘든 말에 올라타 날뛰는 야생마를 길들이는 장면이란….."

20세기가 되자 미국 서부개척시대의 전설은 세계로 퍼졌다. 잽싼 총잡이들이 인디언들과 치열한 싸움을 벌이는 서부 신화는 여러 형태의 공연과 영화, 잡지 등의 형태로 산업화했다. 이탈리아 출신의 영화감독 세르지오 레오네는 영화 속에서 "인생을 별 가치가 없는 것"이라는 냉소주의를 만들어 내기도 했다.

최초의 서부영화 '대열차 강도'가 1903년 만들어졌다. 1950년대에는 서부영화라는 장르가 미국 TV 시청자들을 사로잡았다. 예컨대 1959년 미국의 각종 TV와 라디오 등에서는 황금시간대에 26개 이상의 서부극 시리즈가 방송됐을 정도였다.

그러나 실제의 서부는 영화에서 보여주는 무법천지와는 한참 차이가 있었다. 최근의 연구결과에 따르면 개척민 사회에서의 범죄율은 상대적으로 더 낮았다. 빅토리아 시대의 영국 런던에서 총에 맞아 죽을 확률보다도 낮았다고 한다.

실제로 개척시대 당시에 서부에서 가장 크고 활기찼던 도시로, 지금의 캔자스주 서남부에 있는 닷지 시티에서 1878년 사망한 사람의 숫자는 불과 다섯 명이었다. 이 해는 최악의 살인사건이 일어났다고 했던 해다.

서부개척시대 역사상 가장 유명했던 갱들의 총격전이었던 'OK 목장'의 결투 역시 총싸움이 벌어진 시간은 60초에 지나지 않았고 사망자도 세 명에 지나지 않았다. 영화 '하이 눈'과 같은 정오의 결투는 절대 일반적인 현상이 아니었으며 총싸움 대부분도 만취한 사람들 사이에서 우발적으로 벌어진 일이었다.

서부 개척시대를 소재로 다룬 각종 창작 이야기들로 인해 사람들은 서부에서는 매일 은행 강도와 같은 강력범죄가 벌어졌을 것이라고 믿고 있지만 역시 사실과는 한참 다르다. 미국 데이튼 대학교의 연구에 의하면 1859년에서부터 1900년 사이에 서부 전체에서 일어났던 은행 강도 사건은 모두 열두 건에 지나지 않았다.

정부가 없었고 공권력이 미치지 못했기 때문에 정착민들은 범죄로부터 자신들을 보호할 효율적인 방범 시스템을 만들었다. 서부로 가는 마차 행렬이 그것으로, 이들 마차 행렬을 따라서 약 30만 명의 개척민들이 캘리포니아에서 오리건에 이르기까지 멀고 먼 길을 별다른 사고 없이 지날 수 있었다.

중서부 지역에서는 지주들과 목동들이 힘을 합쳐 분쟁을 잠재우고 개척민들의 재산권을 지켰다. 서부 해안의 금광지역 역시 개척민의 생명과 재산권을 보호하는 사법 시스템이 있었다. 그 때문에 거친 광산 지역이었지만 폭력이 난무하지 않았고 지역 질서도

ok 목장의 결투 & 영화 하이눈의 한 장면

유지할 수 있었다.

케이스 웨스턴 리저브 대학의 앤드류 모리스 교수는 "정착해서 사회를 만들 생각이 전혀 없는, 일확천금만을 쫓았던 다양한 유형의 인간들이 캘리포니아가 번영할 수 있는 토대가 된 사회질서 유지 체제를 창조해냈다는 사실 자체가 경이적이다."라고 지적할 정도였다.

각종 엔터테인먼트 산업에서 만들어 낸 서부 개척시대에 대한 잘못된 이미지 중의 하나가 서부 이주민들이 포장마차를 타고 기나긴 행렬을 이루며 대초원을 건너는 장면이다. 영화에 등장하는 포장마차는 주로 말들이 끄는 대형 마차다. 하지만 실제 이주민들 대부분은 훨씬 작은 소형 달구지를 타고 다녔다. 그것도 말이 아닌 노새나 소들이 끄는 달구지였다. 그뿐만 아니라 포장마차 행렬이 인디언들에게 습격을 당하는 경우는 거의 없었다. 대부분 별다른 사고 없이 대초원을 건넜다. 당연히 영화에 나오는 것처럼 인디언의 습격에 대항해 포장마차를 원형으로 포진시켜 총격전을 벌이는 전투도 없었다. 인디언의 공격으로 기병대가 습격당하는 모습 역시 과장된 장면이다. 1840년부터 1860년까지 마차를 타고 인디언 지역을 통과한 약 50만 명의 이주민 중에서 적대적인 인디언의 공격을 받아 죽은 사람은 모두 합쳐 362명 정도였던 것으로 추정된다.

서부 개척민들이 유혈사태로 인해 희생된 경우는 생각보다 많지 않다. 하지만 원래부터 미국에 살고 있던 토착 원주민인 인디언들의 삶은 서부개척으로 인해 더욱 비참해졌다. 개척민들이 서부로 몰려오면서 아메리카 원주민들은 고향을 잃고 다른 지역으로 옮겨 가야 했다. 그리고 전쟁과 전염병은 물론이고 생활 근거지를 잃은 결과로 엄청난 숫자가 목숨을 잃었다.

1830년부터 1895년 사이에 아메리카 원주민의 숫자는 200만 명에서 9만 명으로 줄었다. 대초원에 살았던 원주민들의 주요 식량이었던 들소 역시 이 무렵 7,000만 마리가 학살됐다.

와일드 웨스트를 소재로 다룬 할리우드 영화는 전 세계 수백만 명의 관객을 사로잡았고 출판업계와 엔터테인먼트 산업을 부흥시켰다. 하지만 아메리카 원주민을 비롯해 서부에 대한 이미지를 철저하게 왜곡시킨 것도 분명하다.

미국이라는 새로운 나라가 건설되는 과정에서 미지의 세계에 뛰어든 용감하고 강인한 백인 남자들의 이야기를 지나치게 과장하다 보니 서부 개척민들의 먼지 쌓인 마차나 재미없고 고달픈 일상생활 그리고 토착 원주민들에게 저질렀던 잔인한 행위들은 철저하게 무시되고 왜곡됐다.

할리우드 영화가 만들어 낸 잘못된 와일드 웨스트 신화를 가장 신랄하게 비판한 영화가 1974년 멜 브루크스 감독이 만든 '불타는 안장(Blazing Saddles)'이다. 흑인 보안관 바트가 로크 릿지 마을의 주민들에게 했던 작별인사에 그 풍자가 담겨있다.

바트: 이곳에서 내가 할 일은 끝났다. 이제 내가 필요한 다른 곳으로 떠나겠다. 무법자가 지배하는 서부, 죄 없는 여

자와 아이들이 무서워서 거리조차 걷지 못하는 그곳, 남
자들이 인간의 존엄을 지키며 살지 못하는 그곳, 사람들
이 정의를 찾아 울부짖는 그곳이 바로 내가 있어야 할
곳이다.

군중: (한목소리로) 염병할 소리 하고 앉아 있네!

바트: 좋아. 그렇다면 이곳에서 벌어졌던 진짜 염병할 사실들
을 떠들어 볼까.

카우보이

서부개척시대의 또 다른 중심 신화는 용감하고 외로운 총잡이 카우보이다. 하지만 실제로 서부에는 카우보이가 그다지 많지 않았다. 서부에도 농부가 카우보이보다 훨씬 많아 농부 1,000명당 카우보이는 한 명꼴이었다. 카우보이 숫자를 통틀어도 가장 많았을 때조차 1만 명을 넘지 않았다. 게다가 카우보이의 대부분은 히스패닉이나 흑인 혹은 멕시코 출신이었다.

카우보이는 주로 총잡이로 알고 있지만, 실제 총을 살 수 있었던 카우보이는 거의 없었다고 한다. 당시 최신식 콜트 권총 한 자루를 사

미국 카우보이, 1887

려면 카우보이 평균 월급 아홉 달 치를 모아야 했다.

카우보이들은 또 대부분 젊은 나이에 죽었다. 총에 맞아 사망한 것이 아니라, 말에서 떨어지는 사고로 죽었거나 소를 몰고 광활한 초원을 횡단하는 열악한 환경 속에서 병에 걸려 사망한 경우가 대부분이었다.

아메리카 원주민

서부영화에서 아메리카 원주민인 인디언은 추악한 야만인이거나 자연과 교감할 수 있는 영적인 인물로 그려진 경우가 많다. 역시 『모히칸 족의 최후』를 쓴 제임스 쿠퍼와 같은 소설가들이 만들어 낸 이미지일 뿐이다.

실제로 인디언들은 부족끼리 연기를 피워 서로 연락을 하지도 않았고, 적들의 머리 껍질을 벗기는 풍습도 없었다. 백인 정착민들이 소문을 퍼트렸을 뿐이다.

인디언들이 환경을 지키는데 열심이었던 것도 아니다. 인디언들이 사는 지역에서 비버는 숫자가 엄청나게 줄었고 하얀 꼬리 사슴은 멸종되다시피 했다.

인디언들이 환경보호에 노력했다는 인상은 1854년 수콰미시 족의 추장인 시애틀이 한 말 때문이다. 시애틀 추장은 "대지는 인간의 것이 아니다. 인간이 대지에 속한다."라며 자연 친화적인 말을 했다고 한다.

하지만 이 소문 역시 시애틀 추장이 실제 했던 말이 아닐 가능성
이 크다. 1887년 헨리 스미스라는 사람이 영어로 통역된 시애틀 추장
의 연설을 기억하며 전한 말이라고 하는데 거의 지어낸 말일 가능성
이 크다고 한다. 하지만 여러 곳에서 이 말이 거듭 인용되면서 인디언
들은 자연을 보호하고 자연과 교감하는 친 환경주의자였다는 인상이
심어졌다.

헨리 5세가
영국 최고의 왕이다?

　영국인들은 헨리 5세를 영웅으로 기억한다. 왕인 동시에 전사였으며 1415년 영국과 프랑스의 백년 전쟁을 결정짓는 아쟁쿠르 전투에서 기적의 승리를 끌어낸 영국의 수호자였다.

　셰익스피어는 그의 희곡 『헨리 5세』에서 그를 카리스마가 넘치는 늠름한 젊은 왕으로 그렸고 생기 넘치는 성격의 소유자일 뿐만 아니라 설득력 있는 웅변가로 묘사했다. 덕분에 헨리 5세는 불멸의 영웅이라는 이미지를 얻었다. 그뿐만 아니라 로렌스 올리비에가 제2차 세계대전 중에 감독한 영화에서도 헨리 5세는 애국적 열정이 가득한 왕으로 그려졌다. 게다가 일부 역사학자들은 지금까지 영국을 통치한 왕 중에서 헨리 5세가 가장 위대했다며 헨리 5세야말로 왕 중 왕이라고 평가한다.

반면 일부에서는 헨리 5세의 업적은 지나치게 과장됐다고 주장한다. 헨리 5세가 저지른 실수와 실패를 복합적으로 평가하지 않은 결과라는 것이다. 예컨대 역사학자 이안 몰타이머는 그의 저서 『1415년, 헨리 5세 영광의 해』에서 헨리 5세가 사실은 음험하고 공격적인 가톨릭 원리주의자였으며 잔인하기 짝이 없는 결함투성이의 인간이라고 강조했다. 셰익스피어가 희곡에서 묘사한 것처럼 카리스마가 넘치는 인물도 아니었고 대담한 영웅은 더더욱 아니었다는 것이다. 오히려 가혹하고 오만하며 무자비한 살인자였다고 주장했다.

헨리 5세는 통치 기간 신권을 부여받은 영웅처럼 행동했다. 물론 헨리 5세에게 어느 정도 영웅적인 면모는 있었다. 십 대 시절 이미 자신의 군대를 이끌고 웨일즈이 반란군 지도자 오언 글렌다우어와 맞서 싸웠으며 아버지 헨리 4세의 군대와 연합해 1403년 반란군 지도자 핫스퍼와 전투를 벌였다. 그리고 이 전투에서 화살이 오른쪽 눈 아래 5인치를 관통하는 상처를 입기도 했다.

아버지 헨리 4세에 대한 잦은 반란을 목격하면서 헨리 5세는 왕의 위치가 얼마나 위태로운지를 체험했다. 그리하여 철저한 무력을 바탕으로 한 군사적 승리를 통해 왕권을 강화했다.

헨리 5세는 왕권의 수호자인 동시에 종교적인 인물이었다. 신앙심을 중요시했던 당시의 시대적 상황을 고려하더라도 헨리 5세는 신앙심이 깊었다. 집권 초기에는 카르투지오(Carthusians) 수도회와 같은 종교 공동체를 결성했으며 로마 가톨릭교회의 분열을 막으려고 애썼다. 당시 로마 가톨릭교회는 세 명의 교황이 난립하는 등 극단적으로 분열된 상태였다.

헨리 5세는 영어로 공식문서를 작성한 최초의 왕이었다. 하지만 헨리 5세에 대해 비판적인 역사학자 이안 몰타이어는 에드워드 3세가 먼저 법정에서 영어를 쓴 왕이었고, 또 선왕이었던 헨리 4세가 영어사용을 더 적극적으로 권장한 왕이었다고 주장한다.

윈스턴 처칠 전 영국 총리는 영국해군의 설립자가 헨리 5세라고 말한다. 물론 헨리 5세에 앞서 에드워드 3세도 해군을 이끌었다는 주장이 있지만 어쨌든 헨리 5세가 전쟁 중 제해권의 중요성을 이해한 최초의 영국 왕이었던 것은 분명하다.

헨리 5세가 즉위 초기에 추진했던 각종 개혁적인 법안과 경제개혁 대부분은 프랑스를 공격하는데 필요한 비용을 조달하기 위한 것이 목적이었다. 프랑스 공격의 첫째 목표는 빼앗겼던 프랑스 내 영국 영토를 회복하는 것이었고 최종 목표는 영국과 프랑스를 통합하는 왕국을 세우는 것이었다.

프랑스와의 전쟁에서 헨리 5세는 영웅적인 모습을 보여줬다. 탁월한 전략과 조직력 그리고 불굴의 의지와 용기로 갖가지 어려움을 극복하면서 아쟁쿠르 전투를 승리로 이끌었다. 그러나 이안 몰타이머와 같은 역사학자들은 헨리 5세가 승리한 배경에는 행운이 큰 작용을 했다고 주장한다.

특히 아쟁쿠르 전투가 벌어진 1415년 10월 24일, 25일 밤, 이틀 동안 무섭게 쏟아진 폭우 때문에 도로가 진흙탕으로 변했기 때문에

헨리의 후기 초상화, 16세기 말 또는 17세기 초

헨리 5세가 승리할 수 있었다는 것이다. 엄청나게 쏟아진 비로 인해 프랑스 육군이 결정적으로 무력화됐기 때문이다. 진흙탕으로 인해 프랑스 기병대가 제때 기동을 할 수 없어 공격에 나서지 못한 것이 영국이 승리한 결정적 요인이라는 것이다.

오히려 프랑스의 대규모 제2차 공격을 경험한 헨리 5세는 영웅적인 면모를 보여준 것이 아니라 공포에 젖어 기본적인 기사도 정신에 어긋나는 행동을 보였다. 부하들에게 수백 명의 포로 목을 자르라는 대학살의 명령을 내린 것이다. (셰익스피어는 희곡에서 이 부분을 생략했다.)

헨리 5세의 학살에는 귀족도 포함됐다. 그는 영국을 다스리는 기간 동안 여러 차례 잔인한 학살을 자행했다. 헨리 5세가 노르망디를 점령했던 1417년, 프랑스 캉 지역에서는 약 1,800명이 잔인하게 죽임을 당했다.

영국 내에서도 명령을 따르지 않거나 위반한 사람들은 일체의 자비도 베풀지 않고 가차 없이 목숨을 빼앗았다. 이단자들도 적극적으로 색출해 처형했다. 영국의 종교 개혁과 존 위클리프의 추종자 대부분이 헨리 5세의 손아귀에서 목숨을 잃었다. 심지어 전우였던 존 올드캐슬 경까지도 집권 초기에 화형으로 처형시켰다.

일부 역사학자들은 화형이 당시에는 보편적인 처형 방식이었다고 주장한다. 그러니 헨리 5세가 특별히 잔인할 것도 없다는 말이다. 하지만 이안 몰타이머는 헨리 5세는 즉위 초기인 5년 동안 일곱 명을 산채로 불에 태워 죽였다고 지적한다. 이전 에드워드 3세, 리처드 2세 시대에는 이단이라는 이유로도 화형당한 사람이 한 명도 없었다는 것이다. 그뿐만 아니라 아버지 헨리 4세 시대에도 두 명이 이단자라는 이유로 처벌을 받았지만 그런데도 화형을 시키지는 않았다는 것이다.

헨리 5세는 마지막 5년 동안은 단지 석 달을 제외하고는 모두를 프랑스에서 영국군을 지휘하는데 보냈다. 영국을 다스린 것은 형제들로 특히 만형인 베드포드 공작인 존이 대신했다. 그런데도 각종 기록을 보면 이 기간 동안 영국 국내에서 이뤄진 치적 대부분이 헨리 5세의 공적이라고 적혀있다. 셰익스피어조차도 작품에서 헨리

5세의 위대성을 강조했을 뿐 영국에 남아 나라를 다스렸던 세 명의 형제, 존과 토마스, 험프리의 공적은 철저하게 그늘에 묻혀 버렸다.

1422년 프랑스에서 적군에 포위된 채 서른다섯이라는 비교적 젊은 나이에 전사한 헨리 5세의 죽음도 그를 전설적인 인물로 부각하는데 이바지했다. 그러나 누가 무엇이라고 하건 헨리 5세가 위대한 국왕으로 자리매김할 수 있었던 것은 아쟁쿠르 전투의 승리 때문이다.

"우리는 소수다. 하지만 행복한 소수다. 우리는 전우애로 뭉쳐 있기 때문이다"

셰익스피어가 희곡에서 헨리 5세의 입을 빌려 했던 이 말은 영국이 국가적 위기에 직면했을 때 국민을 자극하고 격려하는 신화가 된다. 그리고 이 신화를 가장 효과적으로 이용했던 사람이 수백 년 후에 영국에 나타난 윈스턴 처칠 수상이었다.

한편 영국이 아닌, 프랑스와 유럽 대륙에서 아쟁쿠르 전투는 영국인들이 말하는 것과는 완전히 다른 방식으로 기억된다. 전통적인 기사도 정신마저 저버린, 무자비한 왕이 내렸던 수치스러운 명령으로 포로를 대량 학살한 더러운 전쟁으로 기억되고 있다.

아쟁쿠르 전투의 영불 육군

    역사학자들은 당시 프랑스 군대가 압도적인 우위에 있었다고 말한다. 심지어 일부에서는 프랑스군과 영국군의 비율은 7대 1 정도였다고 과장하기도 한다. 하지만 이안 몰타이머는 프랑스와 영국군의 비율은 대략 2대 1 정도였을 것으로 보았다. 게다가 프랑스군의 숫자에는 비전투요원인 하인들도 상당수 포함돼 있다.

아쟁쿠르 전투

미국은
왕국이 될 뻔했다?

　　미국 헌법은 1787년 필라델피아에서 처음 제정됐다. 제헌헌법에 기초해서 미국 정부가 세워졌고 상원과 하원으로 구성된 의회, 대통령을 중심으로 하는 행정부, 최고 법원으로 이뤄진 사법부 등의 삼권분립체제가 마련됐다.

　　미국을 대표하는 정치제도인 민주주의는 제헌헌법을 근거로 하는 만큼 제헌헌법을 만들었던 미국 건국의 아버지들은 당연히 민주주의 원칙에 근거한 나라를 세우려고 했을 것이라고 사람들은 생각한다. 하지만 벤저민 프랭클린과 조지 워싱턴 등 미국 건국의 주역들은 하나 같이 민주주의를 반대했을 뿐만 아니라 민주주의 자체를 불신했다. 건국의 아버지를 포함한 당시 사람들에게 민주주의란 대중들에 의해 좌우되는 우민 정치, 무정부주의에 지나지 않았고 민주주의라는 말 자체도 저질적인 의미로 받아들여졌다.

제헌헌법을 만드는 데 참여한 쉰다섯 명의 대표단은 변호사를 비롯한 상류층 인사들이었다. 그중에서도 3분의 1은 조지 워싱턴의 군대에서 복무했던 경험이 있는 사람들이다. 지적이며 선견지명을 갖춘 사람들임에는 분명하지만, 매우 보수적인 그룹이었다. 그 때문에 민주주의에 대해 적대감을 드러내는데 조금도 망설임이 없었다. 예컨대 대표 중 한 명인 에드먼드 랜돌프 같은 사람은 민주주의를 혼란스럽고 멍청한 제도라고 주장했다.

제정헌법을 만든 대표들은 미합중국이 국민을 대표하는 정부여야 한다고 믿었다. 정확하게 표현하자면 1780년대 당시 합중국에 참여하는 각 주를 대표하는 정부를 원했다. 얼핏 민주주의를 표방하는 정부라고 할 수 있지만 따지고 보면 일정한 연령층에 도달한 백인 자유민들만이 투표해서 만드는 정부였다. 물론 이 정도라도 당시의 다른 나라와 비교하면 충분히, 그리고 광범위한 대중에게 투표권을 부여했던 것이라고 할 수 있다.

따지고 보면 제헌헌법을 만들었던 대표들은 헌법을 만들면서 국가를 운영하는 데 있어 대중들의 정치참여를 얼마나 제한하느냐에 초점을 맞췄다고 할 수 있다. 대다수 건국의 아버지들은 직접 국민의 정치참여를 제한해야 한다고 주장했다. 헌법에서도 '민주적'인 부분을 한정했으며 어느 정도 이상의 재산을 보유한 상류층이 다스리는 나라의 건설을 꿈꿨다.

대표 중 한 사람이었던 알렉산더 해밀턴은 대통령과 상원의원

조지 워싱턴

은 다른 주에 대해 절대적 권력을 보유해야 한다고 주장했다. 헌법
제정에 이어 진행된 조지 워싱턴의 대통령 취임연설과 관련해서도
의회는 대통령이라는 호칭 대신 더 강력한 용어를 사용하는 방안을
검토했다. 이를테면 대통령이라는 표현 대신에 '최고 존엄' '최고 절
대자' 또는 '최고 지도자'와 같은 호칭의 사용을 연구했다. 그러다 한
발 물러나 지금처럼 평범한 '대통령'이라는 용어를 선택한 것이다.

　대표들은 마지막으로 한 가지를 더 양보해 민주주의의 원칙을
따랐는데 바로 하원의원은 보통사람들로 구성한다는 것이었다. 여
기서 보통사람이란 백인이며 일정 수준 이상의 재산을 가진 남성을
뜻했다. 반면 상원은 주 정부의 법률에 따라, 또는 주지사가 선출했
다. 지금처럼 일반인들이 투표로 상원의원을 뽑은 것은 1913년 이

후부터다.

민주주의라는 말 자체도 미국이 독립전쟁에서 결정적인 승리를 거둔 1781년 이후 수십 년 동안 사용하기를 꺼렸다. 미국의 독립선 언문에 민주주의라는 용어는 보이지 않는다. 자유와 평등의 상징으로 받드는 토머스 제퍼슨도 대통령이었을 당시, 대중연설을 할 때 단 한 번도 민주주의라는 단어를 사용하지 않았다.

민주당 역시 1844년에 이르러서야 겨우 당명에서 '공화'라는 말을 버리고 오직 민주당이라는 명칭을 사용했다. 사실 미국의 정치 인들이 공공연하게 미국을 민주주의 국가라고 말하게 된 것도 20세 기에 들어서면서부터였다. 미국을 민주주의 국가라고 말한 최초의 대통령은 우드로 윌슨 대통령으로 제1차 세계대전 기간 중 행한 연설에서였다.

제헌헌법이 만들어진 이후 미국 헌법은 지금까지 모두 스물일 곱 차례의 개헌 과정을 거치면서 더욱 정교해지고 민주화가 이뤄졌 다. 헌법 개정을 통해 미국은 건국의 아버지들이 만들었던 민주주 의에 대한 각종 제한과 규제조항을 풀어야 했다. 제헌헌법을 만들 었던 대표들의 정치적 대표성에 관한 철학은 과거 식민지 사상에 뿌리를 두고 있었기 때문이다. 예컨대 제헌헌법을 만들었던 대표인 윌리엄 리빙스턴은 이렇게 말했다.

"일반 대중은 자신의 손으로 권력을 다루는데 어울리지 않으며 앞으로도 그럴 것이다. 그러므로 권력은 반드시 (상류층에) 위임해야 한다."

독일 합중국

　미국 의회에서 공영어로 독일어를 채택하려고 했지만 단 한 표 차로 부결되는 바람에 실패했다는 소문이 있다. 정확하게 말하자면 합법적인 미국 정부 기관이 독일어 공용어 법안을 제출한 적은 한 번도 없다. 다만 1795년 하원에서 모든 법률과 공공문서를 영어와 독일어로 함께 표기하자는 법안을 검토한 적은 있다. 영어를 못하는 독일계 이민자를 위해 검토한 법안이었는데 반대의견이 많아 상정조차 하지 못했다.

비스마르크는
극우 전쟁광이었다?

프로이센 태생의 오토 폰 비스마르크는 독일 제국의 창시자이며 1862년부터 1890년까지 독일 부흥을 이끈 영웅이다. 최초의 프로이센 출신 총리였고, 새롭게 탄생한 독일 제국 수상이었다. 1898년 사망한 이후 수십 년 동안 비스마르크는 독일인들에게 국민 영웅으로, 또 가장 독일인다웠던 독일인으로 추앙받고 존경받았다.

이랬던 비스마르크의 이미지는 1930년대와 1940년대 독일을 휩쓸었던 극우 정책을 정당화하는 데 이용됐고 이후에는 또 철저하게 깎아내려 지면서 무자비하고 극단적이었던 보수파 폭군으로 폄하됐고 결국에는 나치 정권 등장의 도구로 악용됐다.

비스마르크가 이끈 프로이센은 유럽 전쟁에서 연이어 승리를 거둔다. 그 결과 독일은 1871년 마침내 정치적 통일을 달성한다.

유럽의 정치 환경이 급변하는 와중에 비스마르크는 유럽 각국과의 협상과 연합을 통해 절묘하게 평화체제를 유지한다. 국내적으로는 전국적으로 통일된 화폐제도를 만들었고 독일 연방법을 제정했으며 사회민주당과 가톨릭교회의 영향력을 제한하는 일련의 법률도 만들었다.

1890년의 비스마르크

확고한 보수적 신념을 갖고 있었기 때문에 진보주의에는 반대했지만 그렇다고 비스마르크가 독선적이며 배타적인 보수주의자는 아니었다. 또한, 유럽에 전쟁의 피바람을 몰고 온 전쟁광은 더더욱 아니었다. 비스마르크는 오히려 능란한 외교역량을 발휘해 수상으로 집권한 기간 모든 문제를 외교적으로 해결하려고 노력했던 인물이다. 당시 독일의 최대 적국이었던 프랑스를 고립시키는 데 있어서 유럽의 다른 나라들과 교묘하고도 지속적인 동맹 관계를 유지함으로써 전쟁이 일어나는 것을 막았다.

국내 정치에 있어서 비스마르크의 최대 목표는 강력한 독일 제국을 건설하는 한편 독일인에게 확고한 국가관을 심어주는 것이었다. 그리하여 가톨릭교회와 사회주의를 탄압했지만, 반유대주의에 대해서는 개인적으로 반대의견을 표명했고 극단적인 국가주의를 독일 제국의 안전과 평화에 대한 위협으로 간주했다.

비스마르크는 1890년 은퇴했고 1898년에 사망했다. 하지만 그가 죽은 후 보수주의와 진보주의 진영 양측이 모두 비스마르크를 무자비한 철혈정책을 추진했던 '철혈재상'이라고 비난했다. 철혈정책은 사실 1862년에 행해진 그의 연설에서 처음 언급됐다. "현재의 문제를 해결하려면 말이나 다수결이 아닌 철(무기)과 피(군대)가 필요하다."라는 내용이다.

비판을 받았던 비스마르크는 1920년대 당시 빌헬름 2세 황제의 인기가 추락하면서 위대한 독일을 건설했던 영웅으로 다시 존경을 받기 시작했다. 독일인들은 나약했던 의회주의와 비교해 그의 강력했던 리더십을 그리워했고 역사상 가장 인기 높은 독일 정치인이 됐다.

『비스마르크 신화(Bismarck Myth)』라는 책을 쓴 로버트 거와트는 독일 지도자와 정치인들이 비스마르크를 신화적 인물로 부각하면서 그를 사상적으로 이용했다고 주장한다. 그 결과로 비스마르크에 대한 이미지가 왜곡됐다는 것이다.

빌헬름 2세 황제는 대외적인 팽창정책을 추진하면서 비스마르크의 명성을 이용했던 첫 번째 인물이라고 할 수 있다. 실제 비스마르크는 식민지 유지에 비용이 너무 많이 든다는 이유로 해외에 식민지를 확장하는 데 반대했다. 하지만 빌헬름 2세는 자신이야말로 철혈재상의 뜻에 따라서 독일의 번영과 사회질서를 지키는 인물이라며 반대파들을 공격했다.

제1차 세계대전에 패해 독일이 온갖 굴욕을 겪게 되면서 독일 사람들은 다시 비스마르크를 그리워한다. 1929년 이후 대공황이 닥치면서 바이마르 공화국에 대한 불만이 폭발 직전까지 쌓였다. 독일인들은 독일이 처한 문제를 해결하고 과거의 영광을 되찾아 줄 비스마르크식 리더십과 카리스마를 그리워하며 제2의 비스마르크가 등장하기를 열망한다.

이런 사회 분위기에 힘입어 우익진영이 출현한다. 아돌프 히틀러는 비스마르크와 프리드리히 황제를 그리워하는 독일인에게 자신이야말로 그들의 정통성을 계승할 유일한 인물이라고 강조한다. 히틀러는 1931년 1월, "비스마르크와 그의 동지들이 다시 살아 돌아온다면, 틀림없이 자신의 편에 설 것이다"라는 유명한 연설을 한다.

그러나 1933년 히틀러가 정권을 잡은 후 비스마르크에 대한 찬양이 사라졌다. 나치가 히틀러의 지도력에 장애가 될 수 있는 옛 영웅에 대한 찬양을 금지했기 때문이다. 이 때문에 나치 독일에서 비스마르크와 관련된 기념행사는 불법으로 선포되기도 했다.

그릇된 비스마르크 신화와 후세 지도자들의 비스마르크에 대한 이미지 악용은 결과적으로 독일을 재앙으로 몰아갔다.

그러나 독일을 파멸로 끌고 간 난폭한 선동가이며 과대망상증 환자인 히틀러와 신중한 정치인이고 필요할 때는 과감한 도박도 마다하지 않았던 비스마르크와는 분명한 차이가 있다. 1944년 독일의 패전이 분명해졌을 때, 독일의 또 다른 정치 지도자로 한 번도 비스마르크를 지지한 적이 없었던 울리히 폰 하셀은 그를 애도하며 이렇게 말했다.

"우리가 어렸을 때 비스마르크는 독일을 세상이 주목하는 나라로 만들었다. 하지만 유감스럽게도 이 위대한 인물은 군화를 신고 무력을 휘두르는 철혈 정치인으로 세상에 잘못 알려졌다. 비스마르크는 세상에서 신뢰를 얻는 방식을 정확하게 알고 있었다. 정확하게 지금과는 정반대되는 방식이다. 비스마르크야말로 고도의 외교력과 위대한 조정능력을 갖춘 진정한 지도자였다."

비스마르크의 복잡한 성격

군화 신은 강력한 정치인이라는 비스마르크의 전형적 이미지는 히틀러 암살 운동의 주역 중 한 명이었던 울리히 폰 하셀이 만들어 냈다. 하지만 비스마르크의 이런 이미지는 실제 그의 캐릭터와는 거의 관계가 없다.

비스마르크의 겉모습, 다시 말해 질고 긴 콧수염과 프로이센 장교와 같은 엄격한 눈매에서는 불굴의 이미지가 연상된다. 비스마르크가 대중들 앞에서는 제복을 입기는 했지만, 실제 그의 군 복무실적은 그다지 화려하지 못했으며 군대 생활을 좋아하지도 않았다고 한다.

절제되고 엄격한 이미지와 달리 그의 실제 기질은 예술적이었다. 한편으로는 신경질적이기까지 해서 이십 대 때에는 '야생의 비스마르크'라는 소리까지 들었다. 인생 후반에는 짜증도 많이 냈다고 하는데 왕에게 돌아가겠다며 측근들에게 졸라댔다. 연설방식도 과대망상증 환자인 히틀러가 고래고래 소리를 질렀던 것과 달리 신중하게 단어를 선택해 풍자와 역설법을 섞어가면서 연설하는 것을 좋아했다.

비스마르크에 대한 환상

비스마르크는 은퇴 후에 그리고 사망한 이후에 인기가 더 높았던 정치인이다. 현직 수상으로 있을 때는 별 인기가 없었다. 비스마르크가 펼쳤던 일관성 없는 외교정책과 가톨릭교회에 대한 반대 견해, 그리고 반사회주의적 태도로 인해 당시 독일의 정치 상황에서 적지 않은 불신을 받았다. 그로 인해 1880년대에 비스마르크는 가톨릭을 반대하는 태도를 철회하기도 했다. 비스마르크는 사회주의를 싫어했지만, 사회주의 지지자들이 늘면서 1914년에는 사회당이 독일의회에서 최다 의석을 차지해 다수당이 됐다. 비스마르크가 은퇴했을 때, 당시 독일 언론들은 그의 은퇴를 환영했다. 베를린을 떠날 때 시민들은 기뻐서 손뼉을 쳤고 심지어 어떤 소설가는 편지에서 "우리는 마침내 그를 제거했다"라고 쓰기도 했다.

러시아 혁명
당일의 실상은?

볼셰비키는 1917년 2월 혁명에 이은 10월 혁명으로 러시아의 권력을 장악했다. 볼셰비키 적위대는 1917년 10월 24일과 25일 밤, 지금의 페테르부르크인 페트로그라드의 주요 빌딩을 접수한다. 그리고 다음 날 러시아 임시정부 청사인 겨울 궁전을 점령했다.

그림이나 소설, 영화 등은 물론이고 '공식적'인 기록에서도 성난 군중들이 겨울 궁전으로 몰려가 근위병을 물리치고 궁전을 점령했다고 나온다. 하지만 실제 혁명 당일의 모습은 알려진 것과는 다르게 훨씬 덜 극적이었다.

사실 겨울 궁전을 극적으로 점령하는 장면은 역사가인 스티브 필립스가 『레닌과 러시아 혁명』에서 묘사한 과장된 장면에서 비롯된 것이다. 그리고 그중 대부분을 볼셰비키의 선전 전문가들이 '정

러시아 공산당 볼셰비키의 지도부(1920년)

치적인 목적으로 확인한 것들'이다. 선전 전문가들은 1917년의 10월 혁명을 보다 영웅적이고 극적인 투쟁이었던 것으로 대중들에게 알리고 싶었다. 그리하여 러시아 혁명 제3주년 기념식 때 10만 관중 앞에서 당시의 역사적인 장면을 공식적으로 다시 그려냈다. 『겨울 궁전의 습격』이라는 제목으로 대규모 포위 공격과 격렬한 전투장면을 재현했다. 나중에 만들어진 영화에서도 비슷한 장면들을 연출했는데 특히 1927년에 세르게이 아이젠스타인이 만든 다큐멘터리 영화『10월, 세상을 흔들었던 열흘』이 대표적이다. 영화 속에서 레닌은 수천 명의 적위대와 함께 겨울 궁전을 습격했다. 영화장면이 너무나 사실적으로 묘사됐기 때문에 수년 동안 각종 텔레비전

다큐멘터리 프로그램에서 혁명의 실제 장면이었던 것처럼 방영되기도 했다.

구소련에서 공식적으로 겨울 궁전의 점령장면을 왜곡시켰던 것과는 다르게 서방의 역사학자들은 10월 혁명을 면밀하게 조사했다. 그리고 많은 학자는 혁명 당일에 인민들이 대규모 투쟁을 벌였다는 신화는 사실과는 상당히 다르다는 사실을 밝혀냈다.

10월 혁명이 일어난 날의 실제 모습은 극적인 모습과는 거리가 멀었다고 한다. 볼셰비키들이 겨울 궁전에 진입했을 때는 사실상 무혈 입성이나 다름없었다. 성문은 활짝 열려 있었고 관리들과 근위병 대부분은 도망간 상태였다. 남아 있던 소수의 근위병도 황제의 가족들이 사용했던 방에 숨어 바리케이드를 친 채 숨어 있었을 뿐이다. 혁명 당시 케렌스키 임시정부는 지지 세력도 거의 없었을 뿐만 아니라 스티브 필립스가 행사할 수 있는 권력도 없었다. 그러니 통제도 이뤄지지 않았다. 당시 영국 정부의 러시아 주재 무관이었던 녹스 장군은 볼셰비키의 겨울 궁전 접수과정을 이렇게 기록했다.

"겨울 궁전 근위대는 약 2,000명의 장신 병사들로 구성돼 있었지만, 다수의 근위대원이 탈영했기 때문에 나중에는 소규모 병력만 남아 있었다. 적은 병력조차 누구도 싸우겠다는 의지는 없었다. 일부 근위대 깃발은 여자들에게 얻은 군복 무늬 옷감으로 만들어 세웠을 정도였다. 그나마 이 깃발은 근위대원들이 몰래 탈출하려고 거짓으로 꼽아놓은 것들이었다. 오후 10시 무렵에는 공병학교와 여군 중대를 제외하고 남아 있는 근위대원들은 거의 없었다."

미국 언론인이었으며 사회주의자였던 존 리드 역시 겨울 궁전의 포위장면을 목격하고 그의 저서 『세상을 흔든 열흘』에 기록을 남겼다. 아이젠스타인이 만든 동명의 영화 역시 이 책을 근거로 제작된 것이다.

책에 따르면 새벽 2시 볼셰비키 혁명군들이 건물 안으로 쏟아져 들어왔다. 하지만 격렬한 저항은 전혀 없었다고 했다. 성난 인민들이 차르의 상징인 겨울 궁전을 지키려는 세력과 영웅적으로 벌였다는 투쟁은 아예 존재하지 않았다.

10월 혁명 당시, 블라디미르 레닌의 역할에 대해서도 잘못 알려진 부분이 많다. 일반적으로 알려진 레닌의 영웅적인 모습과는 달리 레닌은 겨울 궁전으로 진입하는 볼셰비키 적위대를 지휘하지도 않았다. 그뿐만 아니라 인민들 앞에 서서 혁명을 선동하는 연설을 하지도 않았다.

영화나 소설, 심지어 예술적인 발레공연에서도 레닌은 수염을 기른 모습으로 주먹을 흔들며 인민들을 선동하는 것으로 그려져 있다. 하지만 혁명이 일어났던 날, 레닌은 제2차 인터내셔널에서 간단한 연설을 했을 뿐이다. 더군다나 수염은 더더욱 기르지 않았다. 레닌은 이 무렵 당국의 수배를 피하고자 수염을 깎고 다녔기 때문이다.

10월 혁명이 일어났을 때 페트로그라드에서 죽은 사람은 불과 여섯 명에 지나지 않았던 것으로 추정된다. 이 중에 근위대원은 한 명도 없었다. 수십만 명이 거리로 쏟아져 나왔고 약 1,500명이 사망했던 2월 혁명과는 다르게 10월 혁명에서는 대규모 군중들의 시위도 없었다. 겨울 궁전은 수천 명의 혁명군이 폭풍처럼 몰려가 점령한 것이 아니라 소수의 적위대 대원들이 아무런 저항도 받지 않고 겨울 궁전으로 걸어서 들어갔다.

레온 트로츠키

페트로그라드 임시정부를 타도했던 무장 세력은 레닌이 아닌 트로츠키가 주로 지휘했다. 트로츠키는 10월 혁명 직전에 볼셰비키에 합류해 페트로그라드 소비에트 의장으로서 군사혁명위원회를 설립했다.

군사혁명위원회는 봉기가 일어나기 일주일 전, 이미 수비대와 도시를 장악한 상태에서 10월 24, 25일에야 진입한 겨울 궁전만을 남겨놓은 상태였다. 1918년 11월 10일, 스탈린은 옛 소련 공산당 기관지 프라우다에다 이렇게 썼다.

"봉기와 관련된 조직 등 모든 실질적인 작업은 페트로그라드 소비에트의 의장이었던 트로츠키 동지의 지휘로 진행됐다. 공산당은 근위대를 소비에트 편으로 접수한 것, 군사혁명위원회를 효율적으로 결성한 것에 대해 기본적으로 트로츠키 동지에게 감사를 표시한다는 사실을 공식적으로 밝히는 바이다."

훗날 사냥개처럼 끝까지 쫓아가서 트로츠키를 죽인 인물이 스탈린이었다는 사실을 생각하면 꽤 역설적인 기고문이다.

콜럼버스가
매독을 퍼뜨렸다?

일반적으로 매독은 크리스토퍼 콜럼버스 일행이 유럽에 퍼뜨렸다고 알려져 있다. 1492년의 역사적인 아메리카 대륙항해 기간 콜럼버스의 선원이 당시 유럽인들에게는 익숙하지 않았던 성병인 매독에 걸렸고 이듬해 유럽에 이를 퍼뜨렸다는 것이다. 그러나 최근 연구결과에 의하면 매독은 콜럼버스가 신대륙에 첫발을 내디디기 훨씬 이전부터 유럽에서 존재했을 가능성이 크다고 한다.

물론 콜럼버스 일행이 매독을 퍼뜨렸다는 비난이 전혀 근거가 없는 것은 아니다. 콜럼버스가 아메리카 항해에서 돌아온 직후인 1494년과 1495년 두 해 동안 유럽에서 매독이 크게 퍼졌기 때문이다.

프랑스가 이탈리아를 쳐들어갔을 때 프랑스 병사들이 나폴리에서 대거 매독에 걸렸다. 당시의 문서에는 프랑스 병사들이 성병에

매독에 걸린 남자(1496),
알브레히트 뒤러

걸린 것이 콜럼버스의 선원이 옮겨온 병과 관련이 있다고 적혀있다. 콜럼버스 일행이 매독을 퍼뜨렸다는 비난을 받는 근거다.

이후 매독은 유럽을 휩쓸어 약 500만 명에 이르는 사람들이 매독으로 인해 사망했던 것으로 추정된다. 항생제가 없었던 때였기에 매독은 목숨을 앗아가는 치명적인 질병이었으며 공포의 대상이었다. 매독에 걸리면 피부와 관절, 장기와 심장, 뇌 등에 심각한 손상을 입었고 감염된 지 불과 몇 달 안에 환자가 죽었다.

과학전문 잡지인 『뉴사이언티스트』는 2008년에 변종 매독균과 관련된 박테리아에 관한 새로운 증거를 게재한 적이 있는데 매독 전파에 대한 콜럼버스 관련설을 뒷받침할 수 있는 내용이다.

콜럼버스가 신대륙을 다녀오기 전에 이미 유럽에 매독균이 있었다고 하지만 잡지에 의하면 성적 접촉을 통해서 전염되는 매독균이 출현한 것은 그다지 오래되지 않았다는 것이다. 그 때문에 콜럼버스가 항해하기 훨씬 이전에 이미 유럽인들이 감염됐었다는 매독은 성 접촉 때문에 전염되는 것이 아니었고 나중에 매독균이 돌연변이를 일으켜 치명적인 성병으로 발전했다는 것이다. 여기에 더해 성 접촉 때문에 전염되는 변종 매독균을 분석한 결과 콜럼버스와 선원들이 상륙했던 남미에서 발견된 매독과 매우 유사하다는 사실이 드러났다.

1492년 콜럼버스의 항해 훨씬 이전부터 유럽에는 매독이 존재했었다. 해부학자인 브라이언 코넬이 중세시대 대형 병원이 있던 런던 동부에서 1,200년부터 1,400년 사이에 사망한 것으로 추정되는 두개골을 발굴해 분석했다. 조사 결과 사망자 중 일부가 매독으로 인해 죽은 것으로 밝혀졌다.

모두 5,387개의 두개골을 조사했는데 그중 25개의 두개골에서 매독 감염에 의한 것으로 보이는 치명적 손상이 발견됐다. 더욱이 그중 하나는 열 살 정도 된 아이의 것으로 추정되는 두개골이었는데 아이는 매독에 걸린 상태에서 태어났고 매독 말기에 보이는 고통스러운 흔적이 그대로 나타났다.

매독 병변이 아이의 두개골 함몰을 유발했고 아이의 송곳니 역시 45도 각도로 뻗어 나왔기 때문이다. 이와 관련 브라이언 코넬 박사는 "매독에 의한 증상이 분명했기 때문에 발굴 당시 충격을 불러일으켰다"라고 증언했다.

최근 폼페이 유적지에서 발견된 증거물 역시 유럽에 진작부터 매독이 있었음을 보여준다. 서기 79년의 베수비오 화산 폭발 때 사망한 쌍둥이 어린이의 유골에서도 선천성 매독 증상의 흔적이 발견됐다. 일부 전문가들은 고대 그리스의 히포크라테스가 남긴 문헌에서도 역시 매독 증상으로 추정할 수 있는 기록이 있다고 주장한다. 덧붙여 13~14세기 영국 킹스턴 지역의 수도원에 살았던 수도승의 두개골에서도 매독에 의한 성병 감염의 흔적이 보였다.

미국 스미소니언 박물관의 인류학자 더글라스 오슬리는 북반구 및 남반구에 모두 매독균이 존재했는데 중세시대에는 매독인 줄 모르고 나병으로 오인했다고 주장한다. 그리고 콜럼버스가 아메리카를 다녀온 직후인 15세기에 갑자기 매독이 유행한 것은 단순한 우연의 일치일 뿐이라는 것이다. 또 다른 분자생물학자들은 구대륙에 이미 만연돼 있던 관련 박테리아로 인해 유럽에서 매독 증상이 퍼진 것이라고 주장하기도 한다.

유럽에 만연된 매독이 콜럼버스의 역사적 항해 이후에 나타나기는 했지만 그렇다고 콜럼버스 일행이 유럽에 매독을 옮겼다고 단언할 수는 없다. 유럽에는 이미 1세기 무렵부터 매독이 있었다는 증거가 새롭게 발견되고 있기 때문이다. 그러니까 매독을 앓았던 것으로 처음 알려진 유럽인이 우연히 아메리카 대륙을 다녀왔다가 유럽에 매독이 퍼졌을 수도 있고 혹은 구대륙과 신대륙 사이의 질병이 서로를 숙주로 해서 새롭게 발전한 것일 수도 있겠다. 어쨌든 콜럼버스 일행이 유럽에 매독을 옮겼다는 혐의는 사실이 아니다.

콜럼버스가 바꾼 세계

콜럼버스가 1492년 아메리카 대륙항해에 성공하면서 구대륙과 신대륙 사이에서는 광범위한 교류가 이뤄졌다. 역사학자 알프레드 W. 크로스비는 이를 '콜럼버스가 바꾼 세상'이라고 표현했다.

두 대륙 사이에서 이전에는 서로 보지도 먹지도 못했던 낯선 음식과 작물이 퍼졌다. 그리고 주로 노예무역의 형태였지만 인적 교류도 광범위하게 이뤄졌으며 낯선 질병 역시 서로를 감염시켰다. 유럽에서 전해진 감기와 천연두로 인해 아메리카 원주민의 인구가 급속하게 줄었다. 1492년부터 1650년까지 아메리카 원주민의 인구는 5,000만 명에서 500만 명으로 감소한 것으로 추정된다.

그 때문에 일부 아메리카 원주민들은 콜럼버스 때문에 대량학살

산살바드로에 상륙한 콜럼버스

과 맞먹을 정도의 급격한 인구감소가 발생했다고 주장한다.

콜럼버스 신화

콜럼버스를 한때 신대륙을 발견한 영웅이라고 했다. 콜럼버스가 아메리카 대륙에 발을 내딛기 수천 년 전부터 미주 대륙에는 원주민들이 살고 있었고 콜럼버스가 오기 몇 세기 전에 이미 바이킹들이 정착한 흔적이 있음에도 엉뚱하게 콜럼버스를 신대륙 발견자로 둔갑시킨 것이다.

또 콜럼버스가 네 차례나 아메리카 대륙을 항해했지만 단 한 번도 북미 대륙에 발을 디딘 적이 없다는 것도 그다지 많이 알려지지 않은 사실이다. 콜럼버스는 사실 중미의 카리브해와 남미 연안에 상륙했을 뿐이다.

콜럼버스는 지금의 쿠바에 처음 도착해 그곳이 아시아 대륙이라고 주장했다. 그리하여 그곳 거주민들을 인도사람이라는 뜻의 '인디오'라고 불렀다. 지금 우리가 아메리카 원주민을 인디언이라고 부르게 된 유래다.

사실 신대륙 항해 이후 콜럼버스는 거의 300년 동안 사람들로부터 잊혀졌다. 콜럼버스가 다시 사람들의 입에 오르내리게 된 것은 미국 독립전쟁 때문이다. 영국에서 독립한 미국인들은 영국과 관련이 없는 영웅을 찾아 나섰고 이때 새롭게 등장한 인물이 콜럼버스였다.

이후 콜럼버스는 학교 교과서와 각종 문학작품, 노래와 공연을 통해 신화로써 부활했다. 그리고 1930년대 프랭클린 루스벨트 대통령이 콜럼버스의 날을 휴일인 국경일로 지정하면서 콜럼버스 신화를 부추겼다. 콜럼버스의 날이 국경일로 지정된 것도 소속 정당인 민주당의 주요 지지자들이 이탈리아계 미국인이었기 때문이라고 한다.

어쨌든 이후 콜럼버스는 미국인들 머릿속에 영웅적 신화로 각인되었는데 루스벨트 대통령은 콜럼버스를 "나라를 위해 자연을 정복한 인물로 세대를 이어 사람들에게 기억될 것"이라고 강조했다.

아우슈비츠가
최대의 유대인 학살장?

제2차 세계대전 때의 유대인 학살하면 가장 먼저 떠오르는 것이 아우슈비츠와 강제수용소다. 사람 죽이는 공장이라고 할 수 있는 아우슈비츠 가스실에서 수많은 유럽의 유대인들이 죽임을 당했다. 생존자들의 증언과 사진, 뉴스 영상과 영화 그리고 소설 등을 통해 아우슈비츠의 모습은 아직도 사람들 마음속에 생생하게 남아 20세기 최대의 잔혹사로 기억되고 있다.

독일 점령지인 폴란드 도시 비르케나우 인근에 세워진 아우슈비츠는 죽음의 캠프였다. 1944년까지 나치 독일에서 운영한 강제수용소였으며 1943년 2월 이후에 학살당한 유대인 570만 명 중 약 6분의 1이 강제수용소에서 처형됐다.

하지만 아우슈비츠를 비롯한 강제수용소는 나치가 유럽의 유대인을 멸종시키려고 소름 끼치도록 복잡하게 설계해 놓았던 각종 수용소 조직과 명령체계 일부분에 지나지 않았다. 오히려 제대로 알려지지 않았던 다른 부분이 훨씬 더 비인간적이었다고 할 수 있다.

"유럽에서 유대인 대학살 하면 주로 강제수용소와 연관을 지어 생각한다. 하지만 강제수용소는 사람을 신속하게 다량으로 학살하는 살인공장이다. 역설적이지만 오히려 간단하고 깔끔하게 죽을 수 있었던 곳이다."

나치는 독일 점령지역 전체에서 원시적인 방법으로 살인을 저질렀다. 그리고 대부분의 살인은 강제수용소 밖에서 이뤄졌다. 굶겨 죽이거나 강제노동으로 죽이는 것에서부터 즉결처분에 의한 살인, 집단사살에 의한 학살에 이르기까지 나치가 저지른 살인의 형태는 다양했다.

1939년 독일이 폴란드를 점령하면서 나치의 통제 아래에 놓인 유대인의 숫자는 30만 명(이 중 20만 명은 독일계 유대인으로 전체 독일 인구의 1%를 차지했다)에서 200만 명으로 늘어났다. 폴란드 점령 초기에만 해도 아인자츠그루펜(Einsatzgruppen)이라는 인종 말살을 위한 민간인 학살부대가 유대인을 포함한 폴란드 시민들을 수천 명 단위씩 처형했다.

1940년에는 유대인 집단수용소이자 노동캠프인 게토가 곳곳에 세워졌고 유대인들이 살고 있던 집에서 쫓겨나 이곳 게토로 강제 수용됐다. 1940년에 바르샤바의 게토에만 약 10만 명 이상의 유대인들이 수용됐는데 그중에서 약 6만 명이 굶주림과 추위로 죽었다.

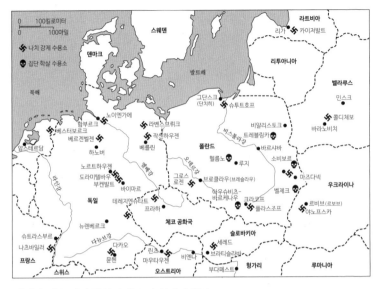

나치가 세운 집단 학살 수용소와 강제 수용소

　독일이 발트해 연안 국가와 옛 소련 서부지역을 점령한 1941년에는 약 500만 명의 유대인들이 제3 제국의 손아귀에 들어왔다. 이 무렵 히틀러는 히믈러와 괴링에게 유대인을 모두 사살하라고 명령했다. 그리하여 1941년 8월까지 주로 폴란드 동부와 리투아니아, 라트비아, 에스토니아, 소비에트 연방의 서부지역인 몰로토프와 리벤트로프 지역(56쪽 지도 참조)에서 가공할 만한 수준의 집단사살이 벌어졌다. 대부분 현지인 경찰과 군 장교로 구성된 아인자츠그루펜 특수부대가 집단사살을 담당했지만, 때에 따라서는 SS 친위대가 직접 투입돼 남녀노소 할 것 없이 마을 전체를 완전히 쓸어버리기도 했다.

이를테면 1941년 9월 키예프에 주둔하고 있던 독일군이 폭탄테러로 사망한 것에 대한 보복으로 집단 학살을 자행했다. 유대인들에게 거주지를 재배치한다는 거짓말로 마을 특정 지역에 집합하라는 명령이 내려졌다. 유대인들이 모이자 나치는 이들을 바비야르라는 골짜기로 끌고 가 총살했는데 앞서 처형당한 시체 위에 무릎을 꿇리고 앉게 한 후 또 처형했기 때문에 시체가 산처럼 쌓였다. 전체 유대인을 처형하는데 무려 서른여섯 시간이 걸렸고 3만3,761명이 목숨을 잃었다. 1941년 말까지 약 100만 명의 유대인이 이런 식으로 살해됐다. 무고한 시민들에 대한 학살은 1942년에도 계속 이어졌다.

　가스실 처형은 처음 구소련군 포로를 대상으로 실험했는데 곧이어 독일 점령지역에서 전반적으로 자행됐다. 몰로토프 리벤트로프 지역 서부에 가스 처형시설이 설치됐으며 폴란드의 벨제크, 소비보르, 트레블링카 지역에도 가스 처형장이 들어섰다.

　아우슈비츠에 비해서는 비교적 이름이 덜 알려진 이곳 수용소는 라인하르트 계획에 따라 세워진 것인데 오직 유대인 처형이 목적이었다. 라인하르트 계획이란 게슈타포 책임자였던 라인하르트 하이드리히의 이름을 딴 유대인 처형 계획이다. 반면에 벨젠이나 다카우와 같은 독일의 강제수용소는 주로 강제노동과 유대인 감금이 주목적이었다.

　라인하르트 계획에 따라 세워진 죽음의 수용소에서는 폴란드에 있는 헤움노 수용소와 함께 약 150만 명의 유대인을 가스실에 가둔

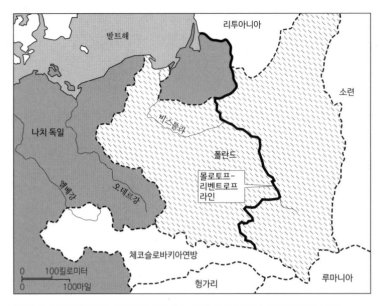

독일과 소련의 합의로 1939년 8월에 그어진 몰로토프와 리벤트로프 라인

후 죽음으로 몰아넣었다.

가장 악명 높은 아우슈비츠에서는 전쟁이 끝났을 때 그래도 약 10만 명 정도가 살아남았다. 반면에 벨제크, 소비보르, 트레블링카 수용소로 들어갔던 사람 중에는 단 한 명의 생존자도 남아 있지 못했다. 아우슈비츠의 잔학성이 널리 알려진 것은 생존자들이 아우슈비츠에서 겪었던 공포의 경험을 생생하게 증언했기 때문이다. 이에 반해 라인하르트 죽음의 수용소가 세상에 덜 알려진 것은 잔학성을 증언해 줄 생존자들조차 남아 있지 않았기 때문이다.

전쟁이 끝나갈 무렵 미군과 영국군이 독일에 있는 강제수용소는 해방했지만 폴란드에 있었던 죽음의 수용시설은 제대로 구경조차 할 수 없었다. 일부는 구소련의 붉은 군대가 점령했기 때문이기도 하지만 벨제크, 소비보르, 트레블링카 수용소는 나치가 철저하게 파괴했기 때문이다. 그러므로 엄청나게 많은 사람이 처형당했음에도 불구하고 라인하르트 죽음의 수용소에 대해서는 세상에 알려진 것이 그다지 많지 않다. 실제 벨제크 수용소에서 처형된 숫자만 43만 4,508명이다.

아우슈비츠가 유대인을 대규모로 학살했던 주요 시설이었던 것은 분명하다. 하지만 아우슈비츠가 세워질 무렵은 희생된 유대인 중 4분의 3이 이미 처형됐을 때였다. 당시 죽은 유대인들은 주로 폴란드와 구소련계 유대인들이다.

아우슈비츠와 나치 독일의 강제수용소에서 일어난 잔혹 행위는 전체 유대인의 학살 과정에서 일어났던 잔혹 행위 중에서도 일부분에 지나지 않는다. 처형당한 유대인 중 대부분은 아우슈비츠와 같은 강제수용소는 보지도 못했다. 진짜 잔혹했던 유대인 학살은 독일 점령지역에 널리 퍼져있었던 죽음의 수용소에서 일어났다. 그곳에서 수백만 명의 죄 없는 시민들이 아예 도살을 당했다.

강제수용소

'강제수용소'라는 용어는 나치 독일이 세운 모든 수용소에 동일하게 적용되는 개념이다. 그렇지만 강제수용소와 죽음의 수용소 사이에는 분명한 차이가 있다. 전자가 주로 감금을 목적으로 세웠던 수용소였던 반면 후자는 오직 대량의 살상을 목적으로 설립했던 수용소다.

『피로 물든 땅』의 저자 티모시 슈나이더가 묘사한 것처럼 전쟁 말기에 강제수용소에서 수십만 명을 처형하기는 했지만 죽음의 시설과 달리 강제수용소 자체는 다량 살상을 목적으로 설계된 수용소는 아니었다.

아우슈비츠

아우슈비츠가 유대인 대량학살 장소로 떠오른 것은 1944년부터였다. 원인은 독일이 구소련에서 패퇴했기 때문이었다. 더는 점령지역에서 구소련계 유대인들을 대량으로 처형할 수 없었던 것이 이유다. 더욱이 붉은 군대가 빠른 속도로 진격했기 때문에 다른 폴란드에 있는 죽음의 수용소 역시 폐쇄할 수밖에 없어 아우슈비츠에서 대량학살이 진행됐다.

대부분의 유대인들은 아우슈비츠에 도착하는 즉시 바로 가스실로 보내졌다. 극소수만이 노무자로 뽑혀 처형당하기 직전까지 죽도록 노동을 했을 뿐이다. 게다가 아우슈비츠에서 죽은 희생자 20만 명 일부는 유대인이 아니었다. 7만4,000명은 비 유대계 폴란드인이었으며 1만 5,000명은 구소련인이었다.

아우슈비츠에서는 수감자들이 몸에다 문신으로 수감번호를 새겼다. 이전에는 죄수복에 수감번호를 새겼는데 수감번호를 잊어버린 수감자들이 총살당하는 예도 있었다. 죄수복 대신 문신으로 대체된 것은 1943년 봄부터였다. 쇠바늘을 꽂은 도장으로 왼쪽 가슴 상단에 번호를 새겨 넣었다. 그리고 1944년부터는 왼쪽 팔뚝에 수감번호를 문신했다.

기차 정시 운행제도는
무솔리니가 만들었다?

"무솔리니 시절에 기차만큼은 적어도 정해진 시각에 맞춰 도착했다."

기차가 연착을 하면 이탈리아 사람들은 이렇게 불평했다. 잔인한 독재자라도 잘한 일이 있다며 변호할 때 주로 쓰는 말이기도 하다.

과연 그럴까? 결론부터 말하자면 아니다. 기차가 시간표에 맞춰 제때 운행하는 정시운행 제도를 만든 사람은 무솔리니가 아니다. 이탈리아 파시스트들이 그렇게 선전했을 뿐이다.

제1차 세계대전이 끝났을 무렵만 해도 이탈리아의 철도시스템은 엉망진창이었다. 하지만 1920년대와 30년대 철도 전철화가 이뤄졌고 철도차량이 교체됐으며 로마와 나폴리, 볼로냐와 피렌체 등의 주요 구간 노선이 만들어지면서 철도시스템이 대대적으로 개선

됐다.

『무솔리니』를 쓴 작가, 피터 네빌은 무솔리니가 정권을 잡으면서 철도시스템이 상당 부분 개선된 점이 없지 않다고 말한다. 무솔리니 정부에서 복잡했던 철도 노선을 간결하게 정리한 공헌도 있다. 하지만 대부분은 무솔리니 정권 이전 정부에서 추진했던 시스템 개선 작업의 결실을 무솔리니 정부가 누렸다는 것이다.

베니토 무솔리니

1936년 이탈리아를 여행한 적이 있는 미국의 저널리스트 조지 셀드스는 주요 급행 노선의 경우는 기차가 제때 운행됐기 때문에 많은 관광객이 이용했지만 작은 마을을 잇는 지선은 연착하기가 일쑤였다고 지적했다. 같은 시대의 또 다른 기록에는 주요 노선에서도 기차가 연착하는 경우가 적지 않았다는 내용이 보인다. 영국의 저널리스트인 엘리자베스 위스크만은 "이탈리아 철도의 정시운행 신화"라는 글에서 기차의 잦은 연착을 꼬집었다.

이탈리아 기차가 정확하게 운행된다는 고정관념은 이탈리아 파시스트 정권이 만든 선전의 결과라고 봐야 한다. 무솔리니 정부는 이탈리아 국민에게 파시즘이 자유주의와 민주주의보다 우월하다는 인식을 심어주기 위해 선전에 몰두했다.

신문과 라디오, 영화 그리고 각종 교육 프로그램을 동원해 새로운 무솔리니 정부가 추진하는 각종 프로젝트의 선전에 열을 올렸다. 예컨대 습지 매립 사업 같은 경우를 "영토 확장 전투"와 같은 이름으로 선전했다. 마찬가지로 무솔리니는 이탈리아 국민의 일상생활이 역동적으로 바뀌고 효율적으로 개선된 것은 정부가 철도시스템을 효과적으로 개선했기 때문이라고 홍보했다. 미국의 신문기자 조지 셀드스는 당시 관변 언론과 학자들은 이탈리아의 철도운행이 마치 법과 질서의 회복을 상징하는 것처럼 떠들었다고 기록했다. 특히 당시 이탈리아 정부에서는 각종 철도 사고나 연착사태 등에 대한 보도는 통제했기 때문에 사람들은 이탈리아 철도야말로 언제나 정시에 운행되는 정확한 철도라는 믿음을 갖게 됐다는 것이다.

이런 믿음은 꽤 오랜 시간 지속했는데 무솔리니 통치라는 최악의 상황 속에서도 그나마 기차 시간표만큼은 제때 지켜지는 경우가 많았던 것으로 느껴졌다. 나이든 이탈리아 사람들이 아무리 파시스트의 압제와 불평등, 잔혹한 통치에 관해 이야기를 하면서도 마지막으로는 언제나 "그래도 기차만큼은 정시에 운행됐지."라고 말하는 이유다.

정시운행의 기원

무솔리니는 1922년 검은 셔츠 단의 로마 진군을 계기로 권력을 잡았다. 그리고 이탈리아 대중들의 지지를 받기 위해 파시즘의 효율성을 강조했는데 이때 동원된 상징이 이탈리아 철도였다. 무솔리니는 철도역장들에게 "모든 역마다 정시 도착, 정시 출발이 이뤄져야 한다."라고 강조했다. 이 말이 퍼지면서 무솔리니가 기존의 낡은 이탈리아 철도시스템을 폐기하고 세계가 부러워할 최신의 새로운 철도시스템으로 교체한다는 소문이 퍼졌다. 1925년에 『종전 후의 유럽국가』라는 책을 쓴 스페인의 한 작가는 이 무렵 이탈리아 국경을 넘은 유럽인들이 처음 듣는 소리가 "기차는 정시에 도착한다."라는 말이었다고 기억했다.

무적함대 격퇴로
영국이 세계를 제패했다?

    1588년, 대규모 스페인 무적함대가 영국을 향해 닻을 올렸다. 가톨릭을 신봉하는 스페인 국왕 필리페 2세의 명령으로 편성된 스페인 함대가 영국을 공격하려고 출발한 것이다. 스페인의 목표는 엘리자베스 1세 여왕을 왕좌에서 끌어 내리고, 항해 중인 스페인 선박에 대해 해적질을 자행하고 있는 영국을 응징하는 것이었다. 그리고 스페인의 지배 아래에 있던 네덜란드에서 활동하는 신교도 반군들에 대한 영국의 지원을 차단하려는 목적도 있었다.

    곧이어 역사적인 해전이 벌어졌다. 수적으로는 열세였지만 기동력이 뛰어났던 영국 함대는 스페인 함대를 뒤쫓다가 마침내 영국 동부해안에서 기습공격으로 스페인 함대에 결정적인 타격을 입혔다. 그리하여 무적함대를 대서양 밖으로 몰아냈다.

스페인 무적함대의 패배는 새로운 신화의 탄생을 의미했다. 그리고 당시 국제사회에서 믿기 힘든 혼란을 일으켰다. 절대적 약자였던 영국이 승리했기 때문이었다. 당시 영국 함대는 스페인 함대와 군함의 숫자는 물론이고 화력에서도 도저히 비교조차 할 수 없을 정도의 상대였다.

그런데도 영국 함대가 무적함대를 물리칠 수 있었던 것은 스페인 군함보다 기동력이 뛰어난 군함을 다수 확보하고 있었으며 무엇보다도 불규칙한 날씨가 영국을 편들었기 때문이었다.

스페인 무적함대는 긴 항해 끝에 영국을 공격할 지점에 도착했지만 보급기지가 있었던 네덜란드로부터 추가지원도 받지 못했고 함대도 정비하지 못한 채 칼레 앞바다에 발이 묶여 있었다. 이런 상황에서 8월 7일 밤, 영국은 수척의 낡은 배에 불을 질러 스페인 함대에 충돌시키는 야간 화공을 감행했다. 그리고 곧이어 벌어진 그라블리느 해전에서 영국은 스페인 함대에 결정적인 타격을 입혔다. 이 해전에서 승리한 요인은 영국 군함이 장거리 사격이 가능할 뿐만 아니라 근접 해전을 벌이면 재정전이 훨씬 수월한 함포를 장착하고 있었기 때문이다. 영국은 그라블리느 해전에서 한 척의 전함도 잃지 않았던 반면 스페인 무적함대는 심각한 타격을 입은 것으로 알려졌다. 여기까지가 많은 사람이 알고 있는 영국의 무적함대 퇴치 신화다.

하지만 실제 스페인 함대는 이 해전에서 단 세 척의 배를 잃었을 뿐이다. 그것도 격침된 배들은 실제 항해가 의심스러울 정도로 낡은 선박들이었다. 탄약 부족과 해상 날씨의 악화로 영국 함대는 적대행위를 중단해야 했고 그 틈을 타서 무적함대는 극적으로 탈출했다. 역사학자 필리페 페르난데스 아르메스토가 말한 것처럼 "큰 피해를 보지 않은 상태에서 패배를 당하지도 않은 채, 상처를 입었지만, 치명상은 아닌 상태로, 피는 흘렸지만, 무릎을 꿇지는 않은 상황"에서의 탈출이었다.

강력한 폭풍이 계속되자 스페인 함대 사령관 메디나 시도니아는 무적함대에 스페인과 포르투갈로 귀환할 것을 명령했다. 스코틀랜드와 아일랜드 연안을 거쳐 귀국하는 도중 무적함대는 강한 돌풍을 만난 다수의 전함이 바위투성이 해안에 부딪히면서 침몰했다. 그러니까 알려진 것처럼 영국 함대의 함포사격으로 격침된 것이 아니었다.

스페인 함대 대부분이 대서양의 그라블리느 해전에서 침몰당한 것으로 알고 있지만, 역사학자 페르난데스 아르메스토는 무적함대 중에서 격침된 전함은 스물한 척에 불과했을 뿐 전체 함대의 6분의 5에 해당하는 함선이 고향으로 무사히 돌아왔으며 그것도 전투력을 온전히 유지한 채로 귀환했다고 주장한다.

하지만 영국 작가들은 1588년 영국과 스페인 무적함대와의 해전을 신화 탄생으로 그렸다. 무적함대의 격퇴를 마치 영국과 프랑스가 벌인 백년 전쟁 중 영국이 프랑스를 물리친 위대한 아쟁쿠르 전투 (19~22쪽 참조)에 버금가는 승리로 묘사했다. 무적함대와의 전투로 영국인들은 애국심에 불탔으며 유럽에서 신교도들은 큰 힘을 얻

스페인 함대의 패배, 1588년 8월 8일, 필립 제임스 드 루더부르

었다.

영국 작가들은 마치 하느님이 영적으로 타락한 스페인을 벌주고, 영국의 도덕적 승리를 축하하는 것처럼 그렸고 승전 기념 메달에는 다음과 같은 문구를 새겼다. "신이 전능하신 힘으로 폭풍을 불러오자 적들은 산산조각이 나서 흩어졌다"

영국의 승리는 다윗과 골리앗의 싸움에 비유됐다. 영국 작가 토마스 딜로니는 그가 쓴 발라드에서 스페인 함대를 거대한 거인으로 그렸고 영국은 작은 여우로 묘사했다. 영국과 스페인 함대의 전투를 이렇게 과장되게 표현했기 때문에 사람들은 오늘날까지도 스

페인과 영국 함대 사이에는 엄청난 불균형이 있었던 것으로 생각
한다.

일반적으로는 영국이 1588년 스페인의 무적함대를 물리치면서
유럽의 제해권을 장악한 것으로 알고 있다. 하지만 무적함대의 패
배는 1585년부터 1604년 사이에 벌어진 영국과 스페인의 숱한 해
상전투와 육상전투 중 하나였을 뿐이다. 스페인은 1588년의 패배
에서 회복해 재빨리 해군을 재정비했다. 함선도 더욱 민첩하고 효
율적인 전함으로 대체했다. 그리하여 이후 10년 동안 다수의 군사
작전과 해상전투에서 영국을 물리쳤다.

1588년 영국은 스페인 해군에 대항해 함대를 발족시켰지만
1589년 크게 패하면서 다수의 사상자를 냈다. 스페인 역시 1596년
과 1597년 영국을 공격하기 위해 대규모 함대를 발진시켰지만, 악
천후의 기상조건으로 인해 영국 침공에 실패했다.

이후 영국과 스페인 전쟁은 교착상태에 빠졌다. 그리고 유럽과
아메리카에 대한 스페인의 지배력도 약화하지 않았다. 스페인 함대
는 여전히 아메리카와의 보석 무역 루트를 장악하고 호위했다. 스
페인 함대는 1630년대까지 해상전투에서 승리를 거듭하면서 제해
권을 잃지도 않았다. 반면 영국의 해양 지배력은 미세하게 증가했
을 뿐이다. 1600년대 말에는 네덜란드가 스페인을 제치고 해양 강
국으로 부상했다. 다시 말해 영국이 바다를 지배하는 나라가 된 것
은 1700년대 중반 이후부터였다.

그러니까 스페인 무적함대의 패배는 영국이 제해권을 장악하

게 된 결정적인 요인이 아니었다. 스페인 함대의 규모와 피해 정도도 지나치게 과장됐을 뿐이다. 1588년 이후 10년 동안 스페인은 해군력을 증강했을 뿐만 아니라 해상 지배력도 오히려 강화됐다. 반면 영국은 스페인과의 전쟁 초기, 작은 승리를 활용하는 데 실패했고 그 결과 아메리카에서 교두보를 마련하는 데도 실패했다. 오히려 악천후의 날씨 덕분에 스페인의 침략에서 벗어날 수 있었을 뿐이다.

무적함대 숫자의 비밀

　스페인 무적함대의 함선 규모는 약 130척이었다. 그중 대부분은 전쟁 경험이 부족한 메디나 시도니아 백작이 지휘하는 1만 9,000명의 육군을 실어 나르는 수송선이었다. 스페인 함선 중에서 극소수, 대략 35척 정도만 전투용으로 설계된 전함이었을 것으로 추정된다. 이들 전함 중에서도 대서양 항해에 적합한 배는 오직 아홉 척 정도였다. 반면 스페인의 거대한 수송선 중심의 선단에 대항해 싸운 영국의 함선은 수적으로 우세했다. 함선의 크기는 훨씬 작았지만 민첩했기 때문에 작전 기동이 훨씬 쉬웠다.

남극탐험대장 스콧은
영웅이었을까?

영국의 남극탐험대장 로버트 F. 스콧은 최초의 남극점 도착을 놓고 노르웨이의 아문센과 치열한 경쟁을 벌였던 인물이다. 한때 학생들의 존경을 한 몸에 받았던 인물이지만 지금은 과연 진정한 영웅이었는지를 놓고 논쟁이 벌어지는 주인공이 됐다.

1912년 남극점에 도달했다가 돌아오던 중 장렬한 최후를 맞은 탐험대의 이야기가 알려지면서 스콧 대장은 이후 약 60년 동안 용감무쌍한 영웅으로 대중의 뇌리에 그 이미지가 깊게 각인됐다. 하지만 1970년대에 그의 남극 탐험 과정이 자세하게 알려지면서 스콧은 자신의 영웅주의적 망상 때문에 동료들을 죽음의 구렁텅이로 몰아넣었다는 비난을 받게 됐다.

스콧 대장이 이끄는 남극 탐험은 1910년 조국 영국에 인류 최초

남극에서 열린 스콧의 파티: 오츠, 바워스, 스콧, 윌슨, 에반스

로 남극에 도착하는 영광을 바치겠다는 성명을 발표하면서 시작됐다. 그리고 1912년 1월 17일 스콧 대장과 4명의 동료는 마침내 남극점을 밟았다. 하지만 그곳에는 이미 5주 전에 도착한 노르웨이 아문센 팀의 깃발이 꽂혀 있었다.

이후 기지까지 되돌아오는 1,360km의 길은 참을 수 없을 정도로 지루하고 힘든 길이었을 것이다. 귀환 도중 배고픔과 동상과 탈진으로 팀원들이 한 명씩 쓰러지면서 영국의 남극탐험대는 전원이 사망하는 대재앙을 맞는다. 스콧 대장 역시 1912년 3월 29일 무렵에 사망했을 것으로 추정된다.

스콧 대장과 동료 2명의 얼어붙은 시신은 그해 11월에 발견됐다. 불운했던 탐험대가 용감하면서도 고통스러웠던 여정을 밝혀주는 스콧의 편지와 일기도 발견됐다. 스콧 대장은 동료 팀원인 오츠가 동상에 걸려 썩어가는 발을 질질 끌면서 텐트 밖으로 나가며 했던 말도 적어놓았다.

"밖에 좀 다녀오겠습니다. 아마 시간이 한참 걸릴지도 모르겠습니다." 오츠는 자신 때문에 일정이 늦어져 탐험대원 모두가 위험에 빠지는 것을 막으려고 스스로 눈보라 속으로 걸어 나가 죽음을 맞이했다.

남극탐험대가 탐험 도중 대원 모두가 사망했다는 소식은 영국민들에게 엄청난 충격으로 받아들여졌다. 전국의 성당에서는 추모 미사가 이어졌고 1913년 말에는 스콧 대장의 일기가 출판되면서 전 국민의 관심이 집중됐다. 처음 탐험대가 남극을 향해 출발했을 때는 누구도 별다른 관심을 보이지 않았지만, 탐험대의 최후가 전해지자 국민은 모두 엄청난 슬픔에 잠겼다. 신문에는 추모의 글이 끊이지 않았고 이후 약 10년에 걸쳐 영국 곳곳에 추모비가 세워졌으며 스콧 탐험대의 정신을 높이 기리는 추모 행사가 끊이지 않았다.

인내와 극기와 고난으로 점철된 스콧 대장의 남극 탐험 이야기가 전해지면서 영국민들의 애국심은 불타올랐다. 특히 제1차 세계대전 전후라는 시대적 상황과 맞물리면서 스콧 대장을 비롯한 남극 탐험대원들은 국민적 영웅으로 거듭났다.

1922년에는 앱슬리 체리 제라드가 쓴 『세계 최악의 여행』이라는 책이 출판돼 스콧 대장에 대한 기억을 생생하게 되살렸다. 체리는 스콧 대장과 동료 2명의 시신을 발견한 구조팀의 대원이다. 1948년에는『남극의 스콧』이라는 영화가 발표됐다. 주연을 맡은 영국 배우 존 밀스 경은 스콧 대장을 전형적인 불굴의 의지를 지닌 영웅으로 연기하면서 그를 전설적인 인물로 각인시켜 놓는데 크게 이바지했다.

그러나 1979년 롤란드 헌트포드가『스콧과 아문센』이라는 책을 출판하면서 스콧 대장의 영웅적 입지가 흔들리기 시작했다. 영국과 노르웨이 탐험대가 남긴 각종 기록을 정밀분석한 결과 헌트포드는 스콧 대장이 극지 탐험에 필수적인 가장 기본적인 원칙조차도 지키지 않고 출발했다는 사실을 발견했다. 극지에 알맞은 식량을 충분히 준비하지 않아 탐험대원들이 영양실조와 탈수 현상에 시달렸다. 탐험 장비 역시 극지 기후에는 전혀 적합하지 않은 것들이었다.

아문센은 탐험을 떠나면서 스키와 관련 장비를 준비했다. 또 전문적으로 훈련된 개 200마리를 데려갔고 썰매도 쉽게 다룰 수 있는 조립식이었다. 반면 스콧은 스키와 개를 준비하기는 했지만 형식적이었다. 스콧이 데려간 개는 서른다섯 마리에 불과했다. 대신 남극과 같은 극지 날씨에서는 견디지 못하는 말을 데려갔다. 썰매 역시 개가 끄는 썰매가 아닌 사람이 끄는 썰매를 준비했다. 스콧은 사람이 썰매를 끄는 것이 개를 부리는 것보다 덜 잔인하며 보다 고상하다고 믿었다고 한다.

잘못된 준비로 인해 다섯 명의 대원이 모두 사망하는 결과가 발생한 것인데 헌트포드는 때문에 스콧 대장이 조직적이지 못한 데다 융통성 없고 감상적이며 자만에 빠졌던 인물이라고 평가했다. 영웅 신화가 무너지게 된 것이다.

스콧 대장의 명예를 다시 회복시키려고 시도한 작가들도 있었다. 예컨대 극지 탐험가 라눌프 피네 경은 2003년에 출판한『스콧 대장』이라는 책에서 헌트포드의 주장을 일축하면서 스콧을 역사에 길이 남을 영웅이라고 묘사했다. 수잔 솔로몬은 1912년의 기상관측 자료연구를 통해 스콧이 실패한 것은 당시의 극심한 기상악화 때문이었다고 주장했다.

하지만 헌트포드는 최근에 출판한 책『남극을 향한 경주, 스콧과 아문센의 탐험일기』에서 그동안 알려지지 않았던 기록을 토대로 자신의 주장을 다시 강조했다. 기록에 의하면 스콧 대장 스스로 남극 탐험 준비가 충분치 못했다는 사실을 알고 있었다. 물자 부족에 대해 동료를 비난했으며 아문센이 먼저 남극에 도착했다는 사실을 알고는 아문센보다 먼저 기지로 귀환하겠다는 희망에 매달렸다. 아문센과 동료의 기록에서도 이런 사실을 확인할 수 있다. 아문센은 하루 단위로 스콧 탐험대의 속도와 위치를 파악하고 있었다. 하루는 아문센 팀이 6시간 30분 만에 24km를 주파했다. (아문센은 최고 기록이라고 묘사하며 기뻐했다) 반면 스콧 팀은 대원이 직접 썰매를 끌면서 11시간 만에 겨우 6.4km를 전진했다. (스콧은 최고로 우울한 날이라고 적었다) 또 다른 날은 눈보라를 동반한 폭풍 때문에 영국 팀은 꼼짝 못하고 텐트에 갇혀 지냈다. 반면 노르웨이 팀은 눈 폭풍을 무시하고 전진했다. 두 팀의 지도자를 비교했을 때 한 명은 전문적인 탐험가였고 또 다른 한 명은 결단력은 있지만, 결과적으로 길을 잘못 이끈 아마추어였다는 것이 차이였다고 헌트포드는 주장했다.

헌트포드는 스콧의 남극 탐험에 대해 넘쳐날 정도로 풍부한 자료를 제시하면서 그의 영웅 신화를 어느 정도 잠재웠다. 그렇지만 따지고 보면 스콧 대장이 영웅으로 추앙받게 된 계기는 그의 업적이나 행동 때문만은 아니었다. 당시의 영국 국민이 의도적으로 스콧을 영웅으로 만들었던 측면도 적지 않다.

스콧 대장의 인기가 절정을 이뤘던 때는 제1차 세계대전이 끝난 후였다. 전쟁으로 지친 영국 국민을 하나로 묶어 줄 영웅이 필요했던 시기였다. 그러므로 아마 스콧 대장이 다른 시대를 살았던 인물이었다면 쉽게 기억되지 못했을 수도 있다. 사람들에게 영웅이 필요했던 시대였기 때문에 스콧의 실패와 그에 따른 죽음을 고결한 영웅적 행동으로 포장하면서 영국 국민이 그를 낭만적인 영웅으로 만든 것일 수도 있다. 이후 스콧 대장에 대한 재평가가 나온 것 역시 더 영웅을 필요로 하지 않는 시대의 문화적 반발 때문일 수 있다.

국민에게 전하는 메시지

스콧이 남긴 기록 중에는 "국민에게 전하는 메시지"도 포함되어 있다. 주로 탐험대의 활동에 관해 쓴 글이다. 마지막은 이렇게 끝맺는다.

만약 우리가 끝까지 살아남을 수 있다면 영국 국민에게 가슴을 뒤흔들 탐험대의 강인한 정신과 용기와 인내에 관한 이야기를 해 줄 것이다. 하지만 살아남지 못하더라도 남겨진 이 거친 공책과 우리의 시체가 대신 이야기해 줄 것이다. 반드시, 반드시, 우리의 조국인 위대하고 부유한 나라 대영제국은 우리를 자랑스러워할 것이다.

모피의 장점

노르웨이 탐험대는 남극의 극한 날씨에 대비해 충분히 그리고 제대로 준비를 했다. 아문센은 동서 회랑에 사는 에스키모에게서 극한 날씨에 어울리는 복장을 주제로 공부하고 배웠다. 모피 옷을 걸치고 품이 넉넉한 내복과 공기가 통하는 옷을 걸쳐야 한다는 사실이다. 반면 영국 탐험대는 모피 사용을 피하고 대신 모자 탈착식의 파카를 준비했다. 모피는 원시 부족의 의복이기 때문에 문명인에게는 적합하지 않다고 생각했다.

과도한 중량

스콧 탐험대가 사용한 썰매를 발굴한 결과 짐의 무게가 평균 20kg 이상이었다. 일행을 남극까지 데려다준 탐험선 타라 노바호의 선장 에드워드 에반스는 이렇게 말했다. "탐험대원들이 채집한 표본에 집착한다는 사실이 나에게는 특별해 보였다. 우리는 불필요한 것들은 모두 버렸다. 나는 기록의 가치보다는 우리 일행의 안전이 더 중요하다고 생각하는데 스콧은 그렇지 않은 것 같았다."

단두대가
기요탱 박사의 발명품?

    기요틴으로 알려진 인간의 목을 베는 장치인 단두대는 프랑스 혁명과 깊은 관련이 있다. 기요틴은 1791년 국민의회에서 사형집행 도구로 채택됐다. 그리고 1793년 9월부터 1794년 7월까지 프랑스 혁명 당시의 공포정치 기간 공식적으로 사형을 집행하는 도구로 사용됐다. 프랑스 국왕 루이 16세와 그의 왕비 마리 앙투아네트, 그리고 로베스피에르를 비롯해 수천 명의 프랑스 시민들이 기요틴, 다시 말해 단두대에 의해 목이 잘려 죽었다.

    단두대는 프랑스의 외과 의사이자 국민공회 의원이었던 조제프 이나샤 기요탱 박사가 처음 발명한 것으로 알려져 있다. 기요틴이라는 사형집행 도구의 이름도 발명자의 이름을 딴 것으로 알고 있다.

의사이자 정치인인 조제프-이냐스
기요탱(1738-1814)의 초상화

하지만 단두대, 다시 말해 인간의 목을 베는 기계는 프랑스 혁명이 일어나기 수백 년 전부터 이미 존재했었다. 기록에 의하면 1286년, 영국 서부의 요크셔 지방 핼리팩스라는 곳의 시장에서 핼리팩스의 기베트라는 장치를 이용해 참수형을 집행한 적이 있다고 나온다.

프랑스의 기요틴과 비슷한 처형장치도 16세기에 발행된 서적에 등장한다. 1307년 아일랜드에서 머코드 발라그라는 사람을 처형할 때 기요틴과 유사한 기계로 사형을 집행했다는 것이다. 스코틀랜드의 하녀라는 별명의 단두대 장치도 있었다. 이 장비는 핼리팩스의 기베트라는 장치를 개선해 발전시킨 도구로 16세기 중반 이후부터 줄곧 사용됐었다. 이탈리아에도 마나이아라는 비슷한 장비가 있었고 독일에서는 17세기 이후 "떨어지는 도끼날"이라는 뜻의 팔 바일이라는 장치를 이용해 여러 차례 참수형을 집행했다는 기록이 보인다.

그러므로 조지프 이나샤 기요탱 박사가 처음으로 인간의 목을 베는 장치인 단두대를 발명했다고 말할 수는 없다. 기요탱 박사는 다만 1789년 국민의회에서 사형을 집행할 때 단두대의 사용을 제안했고 이후 프랑스에서 단두대가 공식적인 사형집행 도구로 쓰였을 뿐이다.

단두대를 이용한 처형이 잔인한 사형집행방법이었을 것 같지만 오히려 그 반대다. 전통적인 사형 집행이 너무 잔인했기 때문에 그에 대한 반발로 단두대의 사용을 제안했다. 이전까지는 주로 목을 매달아 죽이는 교수형, 불에 태워서 죽이는 화형, 칼이나 도끼로 목을 베는 참수형으로 사형을 집행했다. 단칼에 목을 베는 참수형은 그나마 권력자들이나 부자들을 죽일 때 내리는 일종의 혜택이었다.

이후 계몽주의 철학의 영향을 받아 신분이나 죄질과 관계없이 사형수를 죽일 때 보다 인간적인 사형집행 방법을 동원해야 한다는 주장이 제기됐다. 기요탱 박사는 사형을 집행할 때 단두대의 사용을 주장하면서 이 장치의 장점을 이렇게 주장했다.

"칼날이 벼락 치듯이 떨어진다. 순식간에 목이 날아가면서 피가 솟구친다. 죽는 사람은 더는 고통을 느끼지 못한다."

국민의회는 처음에는 기요탱 박사의 제안을 거부했다. 그러다 즉각적인 사형집행의 효과가 인정되면서 1791년 의회에서 "모든 사형수는 목을 자른다"는 법령을 발표했고 단두대의 사용을 승인했다.

단두대의 사용을 처음 제안한 사람은 기요탱 박사였지만 실제로 공식적인 사형집행도구로 채택되기까지는 프랑스 외과 의사협회 회장이었던 안톤 루이스 박사의 적극적인 지지가 있었다. 그리하여 독일의 악기 제작자이며 엔지니어였던 토비아스 슈미트가 단두대 모형을 제작해 동물을 대상으로 먼저 시험했다. 이어 병원에서 가져온 시체를 대상으로 시험을 실시했다. 그리고 나서야 의회가 슈

핼리팩스 기베트 단두대(왼쪽) 슈미트가 고안한 비스듬한 경사면의 삼각형 칼날 단두대(오른쪽)

미트가 만들었던 최초의 단두대 모델 중 일부 장치를 변형시킨 단두대로 사형을 집행할 것을 승인했다. 최초의 단두대는 둥근 칼날 형태였지만 이후 비스듬하게 각이 진 삼각형 칼날로 바뀌었다.

단두대를 이용한 최초의 사형은 1792년 4월 25일에 집행됐다. 노상강도인 니콜라스 펠레티어가 지금의 파리 시청 앞의 그레브 광장에서 목이 잘려 죽었다. 슈미트가 만든 단두대는 이후 파리뿐만 아니라 프랑스 전역으로 퍼졌다. 최초의 단두대 모델은 안톤 루이스 박사의 이름을 따서 루이송으로 불렸는데 나중에 보다 친숙한 명칭인 기요틴으로 바뀌었다.

잘리어 나뒹구는 목과 솟구치는 피 등의 끔찍한 장면 때문에 단두대는 프랑스를 비롯한 유럽인들을 공포에 떨게 만들었다. 그리하여 단두대에는 "기요틴 부인" "국가 소유의 면도날" 등의 다양한 별명이 생겼다.

프랑스 혁명을 피로 물들였던 공포정치 시대에만 수천 명이 단두대 형장에서 죽었다. 1795년에는 파리에서만 천명 이상이 단두대로 목이 베어졌고 혁명이 끝날 무렵인 1799년 프랑스 전역에서는 약 1만 6,000명이 단두대로 참수형을 당했다. 하지만 공포정치 시대 때 죽은 약 3만 명 중에서 대부분은 단두대가 아닌 다른 방법으로 사형 당했다. 총살당하거나 물에 빠트려 익사시키거나 군중들한테 맞아 죽었다. 1793년 12월 4일부터 8일까지 리옹에서는 땅을 파서 만든 구덩이 앞에 사람을 일렬로 세운 후 대포를 쏴서 처형했다.

어쨌든 단두대, 기요틴은 신속하고 잔인한 사형집행도구로 프랑스 공포정치의 상징이 됐다. 프랑스 혁명 때 처음 채택돼 공식적인 사형집행도구로 인정받았다. 하지만 분명한 것은 단두대는 기요탱 박사가 처음 만든 발명품이 아니라는 사실이다. 기요탱 박사가 태워나기 수백 년 전부터 쓰였던 사형집행 장치를 개선해 프랑스 혁명 때 사용했을 뿐이다.

대중적인 사형집행 방식

프랑스에서 단두대인 기요틴은 1981년 사형제도가 폐지될 때까지 공식적인 사형집행 도구로 쓰였다. 단두대를 이용한 마지막 처형은 1977년 집행됐고, 공개적으로 집행된 처형은 1939년 베르사이유 궁전 근처에서 이뤄진 것이 마지막이다.

독일 제국과 바이마르 공화국에서도 총살형과 함께 단두대 처형을 공식 사형집행방법으로 채택했다. 아돌프 히틀러는 1933년부터 1945년까지 독일과 오스트리아에서 1만 6,500명을 단두대로 처형했다.

차별은 없었다

일반적으로 단두대의 이슬로 사라진 희생자 대부분은 귀족들이었을 것으로 생각한다. 하지만 단두대 희생자의 85%는 보통 시민들이었다. 단지 1,200명 정도의 귀족만이 단두대로 목이 잘려 죽었다.

기요탱 박사

기요탱 박사 역시도 자신의 이름을 딴 장치인 단두대로 처형됐다는 소문이 있다. 하지만 기요탱 박사는 86세까지 살았다. 기요탱 박사 역시 공포정치 시대가 끝날 무렵, 잠시 투옥된 적은 있다. 하지만 로베 스피에르가 권력을 잃자마자 1794년 곧바로 석방됐다.

한편 기요탱 가문에서는 프랑스 정부에 단두대의 명칭으로 기요 틴이라는 이름을 쓰지 말아 달라고 청원했다. 그러나 정부로부터 거 절당하자 기요탱 집안은 아예 가문의 성을 바꿨다.

철가면은 루이 14세의
동생이다?

    철가면은 루이 14세가 통치했던 1669년부터 1703년 사이에 감옥에 갇혀있던 죄수에게 붙여진 별명이었다. 프랑스의 여러 감옥으로 옮겨지며 갇혀있던 그는 언제나 검은 벨벳 또는 철로 만든 가면을 쓴 채 얼굴을 드러내지 않았다. 간수 두 명이 언제나 철가면을 보호하면서 감시했는데 얼굴을 가린 가면을 벗는 순간 바로 살해하라는 것이 그들이 받은 가장 큰 임무였다.

    철가면이라는 수수께끼 인물의 정체는 아직도 밝혀지지 않고 있는 가운데 숱한 논쟁과 이야깃거리의 중심이 되고 있다. 철가면의 전설은 수많은 소설의 소재가 됐고 영화로도 만들어졌는데 가장 대표적인 작품이 알렉산더 듀마가 1850년에 발표한 대하소설『삼총사』에 나오는 내용이다.

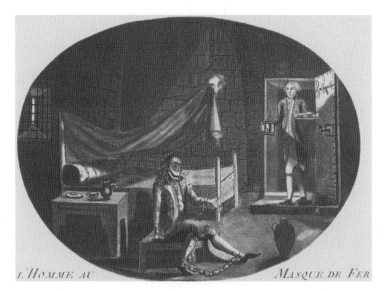

아이언 마스크의 남자

철가면 이야기를 소설 속의 창작물로 알고 있는 사람도 많지만, 당시 철가면이라는 죄수와 정부 관리 사이에 오간 통신문을 비롯한 각종 기록을 보면 철가면 이야기는 어느 정도까지는 실제 있었던 사실로 보인다.

정부 당국에서 공식적으로는 유스타슈 드제라고 명명했던 이 신비로운 죄수는 1669년, 생 마르스가 소장으로 있었던 프랑스에서 가장 삼엄한 감옥인 피네롤 요새에 처음 갇혔다. 죄수가 이송되기 바로 직전 루이 14세 왕의 육군 장관이었던 마르퀴 르부와 후작이 생 마르스에게 편지를 썼다.

죄수를 철저하게 보호해야 하며 필요한 것 이외의 쓸데없는 말을 하면 즉시 살해하라는 지령이었다. 이 인물의 구금과 관련된 일련의 정황과 편지 내용으로 보면 철가면은 일반 죄수와는 다른 인물이었을 뿐만 아니라 당시 정권이나 르부와 자신에게 위협이 될 만한 엄청난 비밀을 간직했던 인물이었을 것으로 추정할 수 있다.

생 마르스는 이후 죄수를 피네롤 요새에서 프랑스의 다른 감옥으로 두 차례 이송했고 가장 마지막으로는 1698년 파리의 바스티유 감옥에 가뒀다. 바스티유 감옥 교도관이 철가면과 관련해 다음과 같은 기록을 남겼다.

"생 마르스는 이 장기수를 마차에 태워 감옥으로 보내왔다. 이전에는 피네롤 요새에도 갇혀있었다고 하는데 언제가 가면을 쓰고 있었다. 우리에게는 이름도 알려주지 않았고 관련된 기록은 아무것도 없었다."

죄수는 1703년 사망했다고 전해지는데 "마르시올리"라는 이름으로 매장됐다. 교도관은 사망자에 대해 "1698년 감옥에 도착한 이후 한 번도 검은색 벨벳 가면을 벗지 않았던 알려지지 않은 죄수였다"라고 언급했다. 하지만 그의 기록에는 철가면을 썼다는 언급은 한 마디도 없다.

죄수가 철가면을 썼다고 주장한 최초의 인물은 철학자이자 작가였던 볼테르였다. 그는 1770년과 1772년 사이에 발행된『백과전서』에서 죄수는 턱 아랫부분이 용수철로 고정된 철가면을 쓰고 있었다고 밝혔다.

볼테르는 또 철가면의 사나이는 루이 14세의 사생아 형이었다고 주장했다. 루이 13세의 왕비인 오스트리아 출신의 안느 왕비가 바람을 피워 낳은 아이라는 것이다. 그래서 왕위 계승권과 관련해 복잡한 문제가 얽혀 특수한 형태로 감금될 수밖에 없었다는 것이다. 정체가 절대로 알려져서는 안 됐기 때문에 철가면으로 얼굴을 가렸지만, 죄인이었음에도 특별한 대접을 받았던 이유가 여기에 있다는 것이다. 볼테르의 주장은 안느 왕비와 가까웠던 마자랭 추기경이 철가면의 친아버지라는 가정에서 비롯된 것이다. 하지만 안느 왕비와 마자랭 추기경이 가까운 사이였다는 것은 역사적으로 분명한 사실이지만 둘 사이에 성적으로 부적절한 관계가 있었다는 증거는 없다.

철가면이 루이 14세와 형제였다는 이야기는 알렉산더 듀마의 소설과 1998년 레오나르도 디카프리오가 주연한 영화 철가면을 포함한 할리우드 영화를 통해서도 널리 퍼졌다. 소설과 영화에서는 철가면이 루이 14세와 쌍둥이 형제로 나온다. 출생이 비밀에 부쳐져 궁중에서 멀리 떨어진 곳에서 비밀리에 키워졌으나 성장한 후 궁궐로 돌아와 자신의 상속권을 주장하다 감옥에 갇히게 됐다는 것이다. 그리고 가면은 왕과 너무나 닮았기 때문에 그 모습을 숨기기 위해 씌웠다는 것이다. 이런 주장을 뒷받침할 만한 기록 역시 문서로 남겨진 것은 전혀 없다. 그뿐만 아니라 당시 왕비가 몰래 출산을 했다거나 비밀리에 쌍둥이 형제를 키웠다는 것은 절대적으로 불가능했다.

철가면의 정체에 대한 추측은 점점 확대되는데 그중에는 당시 감옥에 갇혀있던 샤를 드 달타냥, 안토니오 에콜 마티올리, 유스타슈 드제라는 죄수까지 언급됐다.

달타냥은 당시 유명한 난봉꾼으로 친위대의 대위였다. 하지만 루이 14세의 측근인 육군 장관, 르부와와 말다툼 끝에 바스티유 감옥에 갇힌다. 이유는 왕의 감춰진 형제에 관한 비밀을 눈치챘기 때문이다. 그리하여 르부와가 쥐도 새도 모르게 달타냥을 감옥에 가뒀다는 것이다.

감옥의 기록에 의하면 1698년 피네롤 요새에서 바스티유 감옥으로 이송된 죄수는 마티올리와 드제 두 명뿐이었다. 그 때문에 둘 중 한 명이 철가면이었다고 주장하기도 한다.

철가면은 사망 후 마르시올리라는 이름으로 매장됐는데 마티올리라는 이름과 비슷하다. 마티올리는 이탈리아 외교관이었다. 그는 프랑스 정부의 개입 아래 만투와 공작과 베네치아 공화국 사이에서 카살레 지역 매각을 놓고 진행된 협상을 담당했다. 협상 과정에서 마티올리는 관련자를 모두 속였고 그 결과 프랑스 정부가 그를 납치해 1679년 피네롤 감옥에 가둬버렸다. 하지만 당시 마티올리의 범죄 행위는 널리 알려져 있었기 때문에 굳이 그의 정체를 비밀로 할 이유가 없었다. 그뿐만 아니라 마티올리는 1681년에 사망했다는 주장도 있다.

또 다른 철가면 후보 중 한 명이 시종 출신인 유스타슈 드제다. 그의 주인은 유그노 루 드 마르실리다. (마르시올리는 마르실리를 잘못 표기한 것일 수도 있다) 마르실리는 개신교 동맹을 부추겨 프랑스에 대항해 싸우도록 했다는 혐의로 체포돼 1669년 파리에서 공개적으로 처형됐다. 일부에서는 드제가 프랑스 정부 편에 서서 주인의 정치적 음모를 훼방 놓았던 인물이라고 주장한다. 하지만 역시 증거는 아무것도 없다.

여러 형태의 다채로운 주장이 제기되고 있지만 철가면의 정체를 밝혀 줄 결정적인 증거는 아직 발견되지 않았다. 아무 근거도 없지만 철가면이 루이 14세의 형제였다는 주장과 철가면을 쓰고 있다는 주장만이 사실처럼 이야기될 뿐이다.

철가면이라는 정체불명의 사나이를 둘러싼 비밀은 다양한 추측에다 스토리가 덧씌워지고 낭만적인 환상까지 덧칠해지며 사실보다도 더 사실적인 신화가 됐다. 대중의 상상력을 자극하는 전설이 됐으며 잘못 알려지고는 있지만 흥미진진한 수수께끼가 됐다.

감옥의 해골

프랑스 혁명이라는 격변기에 만들어진 철가면 신화는 상징적으로 중요한 역할을 했다. 알려지지 않은 이유로 무려 30년 동안 감옥에 갇혀 지냈던 철가면을 쓴 죄수는 폭정과 압제의 상징이었기 때문이다. 실제 1789년 바스티유 감옥에 성난 군중이 몰려왔을 때 감옥 깊숙한 곳에서 철가면을 쓰고 사슬에 묶여 있는 숨겨둔 해골이 발견됐다는 소문이 널리 퍼졌다.

이어지는 신화

다양한 소문 중에는 이런 소문도 있다. 철가면은 왕의 형이었는데 감옥에 갇혀있으면서 아이의 아버지가 됐다. 태어난 아이는 바로 코르시카섬으로 보내졌고 보나파르트 가문에서 입양했다. 이렇게 되면 나폴레옹 보나파르트가 왕의 직계 후손이 된다. 흥미로운 소문이지만 입증할만한 증거는 아무것도 없다.

호주는
영국 죄수들이 세운 나라다?

    대규모의 영국 선단이 1788년 오스트레일리아의 동부해안에 도착했다. 첫 기착지는 보타니 만이었는데 18년 전, 오스트레일리아를 탐험했던 영국의 제임스 쿡 선장이 처음 도착했던 곳이다.

    영국 선단은 항해를 계속해 사람이 살기에 조금 더 적합한 잭슨 항으로 이동한 후 그곳 시드니 만에 정박했다. 1788년 1월 26일이었고 이들은 그곳에 정착촌을 건설한다. 열한 척으로 구성된 영국 선단에는 모두 1,000명의 이주민이 타고 있었다. 그중 751명은 지구 반대편 땅에 가서 살라는 추방형을 받은 죄수들이었다.

    이후 80년에 걸쳐서야 16만 명에 이르는 범법자들이 영국의 새로운 식민지 오스트레일리아로 추방됐다. 이들은 뉴 사우스 웨일스, 타스마니아, 서부 오스트레일리아 등지에 정착했다. 극단적인

1770년 4월 29일 보타니 만(Botany Bay)에 상륙한 제임스 쿡

관점에서 보자면 오스트레일리아는 영국 정부가 범죄자를 모아 버리는 쓰레기 매립지에서 비롯된 나라라고 할 수도 있다.

"당시 영국 내각의 피트 수상이나 정부 각료 중에 누구도 오스트레일리아의 보타니 만을 사회 쓰레기를 내다 버리는 인간 쓰레기장 이상으로 생각했다는 증거는 아무 데도 없다."

역사학자 노만 바레트의 지적처럼 오스트레일리아는 역사상 이전에도 없었고 이후에도 두 번 다시 반복된 적이 없었던 전무후무한 식민지 경영의 실험사례였다.

물론 이런 관점에 반대하는 학자들도 있다. 범죄자를 처벌할 목적으로 무려 2만km나 떨어진 먼 지역에 유배지를 만든다는 것은 논리적으로 타당하지 않다는 것이다. 범죄자를 오스트레일리아로 보낸 정부의 결정에는 분명 또 다른 목적과 동기가 있었다는 주장이다.

『뉴 사우스 웨일스 지역의 정착촌 건설 제안서』와 같은 새롭게 발굴된 자료 등을 통해서 그 동기와 목적을 추정해 볼 수 있다.

정착촌 건설 제안서는 1783년 미국출신의 영국 왕정주의자 제임스 마르타가 정부에 제출했던 문서다. 마르타는 제임스 쿡 선장의 역사적인 탐험 항해를 따라 1770년 오스트레일리아 보타니 만에 처음 상륙했던 인물 중 한 명이었다.

마르타는 제안서에서 정착촌 건설의 타당성을 역설했다. 새로 발견된 땅은 사탕수수, 면화, 담배농장에 적합했고 포경기지로도 활용할 수 있는 잠재성이 높으며 아마 섬유를 재배하기에 좋을 뿐만 아니라 무엇보다 이주민이 정착하는데 필요한 목재가 풍부하다고 강조했다. 또한, 중국, 한국, 일본을 상대로 하는 무역기지로서의 이용가치도 높다고 지적했다. 그러면서 마르타는 식민지 경영을 위한 구체적 방법으로 영국에 충성하며 미국 독립에는 반대하는 미국 거주민들을 새로운 땅으로 이주시키자고 제안했다.

마르타의 정착촌 건설방안은 처음에는 거절당했다. 그러나 이듬해인 1784년, 내무장관인 시드니 경을 만난 후 "정착민 중에는 강제노동이 아닌 자원형식으로 지원한 범법자를 포함한다."라는 조항을 넣으면서 수정안이 채택됐다.

당시 미국은 이미 독립했기 때문에 영국에서는 더는 값싼 노동

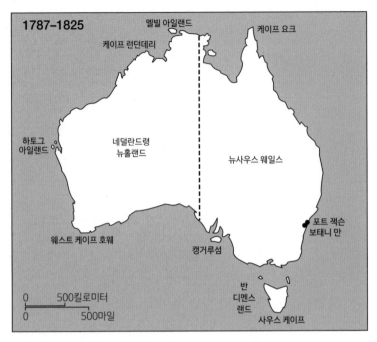

1787–1825

멜빌 아일랜드

케이프 요크

케이프 런던데리

하토그
아일랜드

네덜란드령
뉴홀랜드

뉴사우스 웨일스

포트 잭슨
보태니 만

웨스트 케이프 호웨

캥거루섬

0   500킬로미터
0   500마일

반
디멘스
랜드

사우스 케이프

죄수 이민 초기 호주의 식민지화 지도

자인 범법자들을 미국으로 송출할 수 없는 상황이었다. 따라서 영
국정부는 지리적으로도 가깝고 운송경비도 상대적으로 저렴한 서
부 아프리카 지역을 범죄자들을 보낼 대체지역으로 고려하고 있었
다. 이때 마르타가 보다 현실성이 높은 방안을 제안하면서 영국 정
부는 서부 아프리카 대신 오스트레일리아를 선택하게 됐다.

영국 정부는 비교적 가벼운 범죄를 저지른 다양한 출신계층의
죄수들을 이주민으로 뽑았다. 초기 이주민으로 선발된 범법자들은
대부분은 7년 형 미만의 죄수들이었다. 그리고 그 중 상당수는 여

성이었고 약 20%는 초범이었다.

영국 정부가 식민지 오스트레일리아를 단순히 강제 노동수용소 형태의 교도소로만 활용할 의도였다면 종신형에 가까운 악질 범죄자들을 보냈을 것이다. 하지만 영국 정부가 보낸 범법자의 절대다수는 형기가 짧은 죄수들이었고 그것도 다양한 기술을 보유한 남녀 노동 인력이었다. 초기 식민지를 건설하는데 7년이면 충분할 것으로 계산했기 때문이다.

나중에는 혁명 주의자인 자코뱅 당원이나 러다이트 운동을 주도한 사회 운동가, 종교 운동가와 같은 정치범들, 그리고 영국 사회에 적응하지 못한 상류층과 부르주아 계층의 자녀들도 오스트레일리아로 건너갔다. 예를 들어 유명한 소설가 찰스 디킨스도 공부에 재능이 없었던 두 아들을 그곳으로 보냈다.

보통 오스트레일리아로 보내진 범법자들은 죄수들이었기 때문에 항해 도중 열악한 환경에 시달렸을 것으로 생각하기 쉽다. 그리고 영국 정부가 실제로 이들 범법자를 사회적인 쓰레기라고만 여겼다면 당시 상황에서 항해 도중 죽거나 말거나 크게 상관하지 않았을 것이다. 하지만 당국에서 범법자들이 비교적 건강한 상태로 목적지에 도착할 수 있도록 큰 노력을 기울였다는 증거가 있다.

무엇보다 범법자들을 태우고 갈 선박이 장거리 항해에 적합한지 충분한 검사를 거쳤다. 그 때문에 이들이 탄 배는 미국이나 오스트레일리아로 가는 일반 이민자들이 타고 가는 배보다 훨씬 더 안전했다. 수송선에 승선하기 전에도 병균에 감염될 수 있는 더러운 옷을 벗기고 새 옷을 지급했으며 목욕도 시켰고 나흘에 걸쳐 의사들이 감염 여부를 검사했다. 그뿐만 아니라 대다수 수송선에는 의사들이 동행했는데 항해 도중 발생하는 사망자의 숫자를 줄이려는 조치였다.

실제로 자유계약에 따른 이민자들이 승선한 배에서의 사망률이 훨씬 높았다. 특히 사망자들의 일부는 범법자들도 시달렸던 질병으로 인해 죽었다.

항해 도중 죄수들의 생활은 일반적 기준으로 열악했을 것이다. 죄수들이었기 때문에 갑판 아래에서 쇠고랑을 차거나 창살이 치워진 감방에서 지내야 했다. 하지만 죄수들 대부분은 매일 적당한 식사를 받았고 종교 생활도 허용됐으며 심지어 괴혈병을 예방하기 위해 매일 일정량의 레몬주스까지 받았다.

처음 보타니 만에 상륙한 죄수들도 감옥에 갇혀서 지냈지만 그렇다고 강제수용소에 갇힌 것처럼 죽도록 노동에 시달리며 지냈던 것은 아니다. 노동계약서에 따라 공장에 고용된 것처럼 일했다. 사회에서 저질렀던 범죄와 관계없이 오스트레일리아에 도착하자마자 일반적인 노동시장에 편입되었던 것이다.

식민지 초기 수십 년 동안 오스트레일리아 인구의 대다수는 범법자 출신이었다. 자유롭게 여행할 수 있고, 땅과 거주지를 제공받는 최초의 자유 이민자들은 1793년부터서야 도착하기 시작했다. 죄수들은 보유하고 있는 기능에 따라 작업을 할당받았는데 특별한 기술이 없는 죄수들은 도로 건설과 같은 육체노동을 했다. 죄수들

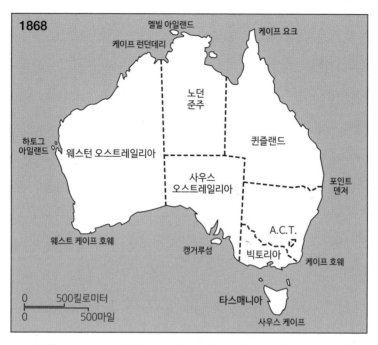

이 지도는 죄수 이민이 끝날 무렵 호주가 얼마나 많이 변했는지를 보여준다.

이 지냈던 환경은 가혹했을 수 있다. 규율은 엄격했고 위반하면 태형이나 족쇄에 묶였고 또는 노포크 섬이나 아서 항구 같은 형벌 지역으로 보내지기도 했다.

1801년부터는 죄수에게 일정한 자유를 허용하는 여행허가서가 보상으로 주어지기 시작했다. 그리고 1830년대 중반에는 전체 죄수의 6%만이 감옥에 갇혀 노동했을 뿐 대부분은 자유 이민자나 식민지 여러 기관에 고용되어 일했다. 1868년부터 죄수의 오스트레일리아 송출이 중단됐다. 인구가 100만 명에 육박하면서 식민지가 죄수들의 노동력 지원 없이도 자체적으로 인력을 공급할 수 있을 만큼 성장했기 때문이다.

영국 교정 당국은 범법자들을 오스트레일리아로 송출하면서 교도 행정의 압박에서 어느 정도 벗어날 수 있었다. 하지만 재소자를 분산하는 효과는 있었지만, 오스트레일리아라는 새로운 식민지를 단지 사회에서 원치 않는 범죄자들을 내다 버리는 쓰레기장 정도로 여겼던 것은 아니다.

물론 오스트레일리아의 풍부한 천연자원, 전략적인 지정학적 위치, 동아시아지역에 대한 근접성 등이 영국 정부가 죄수들을 보냈던 중요 동기가 됐다. 범법자들을 활용한 값싼 노동력으로 식민지 기반을 구축할 수 있었기 때문이다. 대다수 이주 죄수들이 겪었던 환경은 가혹했다고 할 수 있다. 하지만 오스트레일리아의 건국은 18세기를 기준으로 봤을 때 인간적인 교도행정과 사회적 실험의 결과였다. 그리고 그 실험은 대성공인 것으로 판명됐다.

죄수 유배

영국과 아일랜드에서 죄수 유배는 중요한 형벌 제도 중의 하나였다. 미국 독립전쟁 이전까지 해마다 약 1,000명의 죄수가 버지니아와 메릴랜드 등지로 보내졌다. 인구가 급증하면서 선박에 임시로 만든 영국의 선상 감옥은 수감자들로 넘쳐났다. 그 때문에 죄수의 식민지 유배는 영국 교정 당국의 압박을 해소하는 데 큰 도움이 됐다.

잠재적 해군기지

뉴 사우스 웨일스를 식민지로 건설하겠다는 결정은 당시 프랑스와 네덜란드, 스페인과 벌어질 수 있는 전쟁의 가능성을 배경으로 이뤄졌다. 마르타는 동인도 지역의 네덜란드 식민지나 남미와 필리핀의 스페인 식민지를 공격할 때 오스트레일리아가 해군기지로 얼마나 유용하게 활용될 수 있는지를 증명했다. 당시에는 영국과 스페인 사이에 전쟁이 일어날 가능성이 컸기 때문에 당국은 뉴 사우스 웨일스를 이 지역의 영국 해군기지로 건설한다는 계획에 따라 식민지 건설방안을 수정해 채택했다.

뉴딜정책으로
대공황을 극복했다?

　　1930년대 미국의 대공황과 관련해 후버 대통령은 무기력했던 반면 후임인 루스벨트 대통령은 뉴딜정책으로 알려진 다양한 경제개혁을 하는 등 정면으로 맞서 싸우며 대공황을 극복한 것으로 알려져 있다.

　　뉴딜정책은 1933년부터 1936년 사이에 미국 의회를 통과했던 각종 개혁조치를 가리키는 용어다. 뉴딜정책 덕분에 미국 자본주의가 살아났고 미국의 국력은 전성기를 맞이하게 됐으며 미국인들은 높은 자부심을 느낄 수 있었다. 이로 인해 루스벨트 대통령은 자본주의와 민주주의를 살린 구원자로 평가받았고 미국인에게 자신감과 희망을 되찾아준 대통령으로 기억되고 있다.

　　프랭클린 D. 루스벨트 대통령이 백악관의 주인이 된 해는 1933년이다. 대통령에 취임한 지 100일이 지나면서 루스벨트는 국민에게 새로운 제안, 즉 '뉴딜(New Deal)'을 제시했다. 실업자와 빈민구제 프로그램을 가동하고 국가 경제 회복 프로그램을 추진하며 금융 제도의 개혁을 약속했다.

루스벨트 대통령은 금융 산업의 안정을 위해 모든 은행의 영업을 잠정 중단시켰다. 그리고 의회가 긴급은행법을 통과시

1930년대 초의 루즈벨트

켰다. 사실 이 법안은 후버 대통령 시절부터 재무부에서 검토하고 입안했던 법이다. 긴급은행법이 통과되면서 재무구조가 건전한 은행들은 재무부의 감독 아래 연방 자금의 지원을 받아 영업을 재개했다.

1933년 6월에는 미국 연방예금보험공사가 설립됐다. 그리고 저축예금의 보호 한도를 2,500달러에서 5,000달러로 상향 조정했다. 디플레이션에 대처하기 위해 1934년 봄, 미국은 통화에 대한 금본위제도를 폐지했다. 이외에도 초기의 뉴딜정책으로 과당경쟁에 의한 가격 하락 방지를 위해 국가부흥청과의 협의에 따른 가격 협정을 인정했고, 최저 가격 및 최저임금제를 도입했으며, 농업조정법에 따른 농산물 가격 하락 방지를 위한 농산물 생산 제한 조치

등이 시행됐다. 이어 1935년의 제2차 뉴딜 정책에는 사회보장연금 제도 시행, 실업자 구직프로그램 시행, 전국노동관계위원회와의 교섭을 통해 노동조합 결성 촉진 조치 등이 추가됐다.

뉴딜정책에 따른 일련의 조치로 경제가 일시적으로 회복되기 시작했다. 1937년의 경우, 실업률은 여전히 11%에 머물러 있었지만, 산업생산량은 1929년 수준을 웃돌면서 경제가 살아나는 것처럼 보였다. 하지만 그해 가을에는 경제가 또다시 급격히 추락했다. 주로 정부의 지원정책이 축소되면서 나타난 결과였다. 실업률은 또다시 19%까지 치솟았다. 대공황이 아직 끝나지 않았던 것이다. 대공황의 어두운 장막은 1941년 미국이 제2차 세계대전에 참전하면서 비로소 걷혔다.

역사학자 도리스 K. 굿윈은 이렇게 썼다. "루스벨트가 대통령으로 나라를 다스렸던 1940년은 미국이 대공황의 늪에 빠진 지 11년째 되는 해였다. 미국 역사상 이토록 깊고 장기적이며 심각했던 침체기는 일찍이 없었다."

일부 경제학자들은 루스벨트가 주창한 구제(Relief), 회생(Recovery), 개혁(Reform)의 3R을 바탕으로 한 뉴딜정책은 궁극적으로 실패한 정책이었다고 주장한다. 오히려 뉴딜정책으로 인해 공황이 더 장기화했다고까지 말한다.

이코노미스트인 해럴드 L. 콜과 리 E. 오하니언 같은 학자들은 2004년 정치경제학 저널에 기고한 글에서 루스벨트의 정책으로 인해 경기침체가 약 7년 이상 더 길어졌다며 뉴딜정책이야말로 대공황을 지속시킨 결정적 요인 중의 하나였다고 주장했다.

콜과 오하니언은 잘못된 정책의 핵심 중의 하나가 국가부흥청의 조치로 인해 나타난 폐해라고 강조했다. 정부가 임금 및 상품가격을 통제하면서 산업 전반에 걸쳐 생산을 제한하고 가격을 인상하는 담합행위가 일어났고 결과적으로 정상적인 시장을 왜곡했으며 이로 인해 경기회복이 지연됐다는 것이다.

루스벨트 대통령 자신도 이미 이런 문제점을 인정했다. "미국 경제에는 드러나지 않는 제도적인 담합행위가 존재하고 있으며…. 자유로운 가격경쟁의 상실이 현재의 어려움을 일으킨 원초적인 원인이다."

콜과 오하니언은 마찬가지로 농업조정법 역시 경기침체를 가속화했다고 주장한다. 세금을 퍼부어가며 농부들이 농산물 생산을 축소하는 데 지원했기 때문이다. 그 결과로 납세자들의 부담은 가중됐고 또 식료품은 가격이 올랐으며 약 200만 명으로 추산되는 농장 노동자들의 잠재적 실업률만 높아졌다는 것이다.

루스벨트 대통령의 취임 100일에 발표한 뉴딜정책과 '노변정담'으로 알려진 라디오 방송이 경기침체로 신음하는 국민을 어루만지고 국민에게 자신감을 불어 넣어줬다는 것은 분명하다. 하지만 비판론자들은 루스벨트 행정부가 불확실성만 높였고 미국 기업인들 사이에 불안감을 가중시켜 기업의 장기투자를 축소하는 결과를 초래했다고 말한다.

게다가 정부 주도로 추진된 각종 대규모 공공사업에 들어간 막

대한 재원이 공공부문에서의 일자리를 창출하는 데는 이바지했지만 반대로 민간부문의 투자 감소와 일자리 축소로 이어졌다는 것이 존 J. 왈리스와 다니엘 K. 벤저민 같은 이코노미스트의 주장이다. 근본적으로 효과가 분명하지 않은 정책으로 인해 민간 부분의 경제 회복이 지체됐고 그 결과 실업 사태가 장기적으로 이어졌으며 공황이라는 경제적 재난이 가속화됐다는 것이다.

겉으로 보기에 루스벨트의 뉴딜정책의 효과는 인상적이었다. 빈민들에게, 스스로 자립할 수 없는 영세민들에게 엄청난 도움을 제공했다. 수많은 도로를 건설했고 학교를 세웠으며 공공 건축물을 지었다. 또 정부 정책에 대한 국민적 관심을 높이는데도 이바지했다.

하지만 뉴딜정책 중 많은 부분은 정상적인 시장을 왜곡시키는 작용을 했고 민간부문의 경제회복을 저해하는 작용을 했다. 분명한 것은 루스벨트를 자본주의의 구원자라고 할 수는 없다는 것이다. 뉴딜정책 일부가 자유 시장경제 체제를 제한한 것이 분명하기 때문이다. 그로 인해 경기침체의 늪에서 빠져나올 미국 경제의 능력을 왜곡시켰다는 비판에서도 벗어나기 어렵다.

허버트 후버 대통령의 재임 기간(1929년~1933년)은 1929년의 월가 붕괴와 그 뒤를 이은 1930년대의 대공황과 완전히 겹친다. 공황이 시작됐을 때 후버 대통령도 경기침체를 겪었던 전임 대통령과 마찬가지로 별다른 조처를 하지 않았다. 경기순환이라는 자연적 과정을 거쳐서 경제가 다시 회복될 것으로 보았기 때문이다. 하지만 경기가 계속 악화하자 후버 대통령은 전술을 변경해 명확한 조처를 하기 시작했다.

처음에는 기업인들에게서 생산과 고용을 유지하겠다는 약속을 끌어냈다. 그리고 주 정부와 시 정부에 공공사업 부문에 대한 지출 확대를 촉구했다. 이 무렵 미국 정부는 후버 댐의 건설을 비롯한 건설 프로젝트에 5,000만 달러를 지출했다. 또한, 연방 농업국을 통해 잉여 농산물을 사들였으며 재건금융공사를 설립하는 법안에도 서명했다. 재건금융공사의 주요 업무는 철도회사, 농부, 금융기관 등에 연방 자금을 빌려주는 일이었다. 재건금융공사는 이후 루스벨트 대통령의 뉴딜정책에서 핵심적 역할을 담당하는 기관이 됐다.

결과적으로 후버 대통령은 공황을 막고 경기를 회복시키는 데는 실패했다. 하지만 후버 대통령 재임 동안 만들고 시행했던 각종 조치로 인해 루스벨트 대통령 때 연방정부가 직접 개입할 수 있는 기반이 됐다.

링컨의 목표는
노예해방이 아니었다?

에이브러햄 링컨은 미합중국을 이끈 가장 위대한 대통령 중의 한 명이다. 남북전쟁을 통해서 미국 연방을 지켜냈고 노예제도를 폐지했다.

대부분의 사람은 인종 평등주의자인 링컨이 노예해방 때문에 남부 연맹과 전쟁을 벌인 것으로 알고 있다. 링컨을 미화하는 그럴 듯한 설명이지만 사실과는 다르다.

북부 연방이 남부 연맹으로부터 항복을 받아내기까지는 4년이라는 세월이 걸렸다. 그리고 이 기간에 링컨의 전쟁목표도 바뀌었다. 처음 남과 북이 적대관계를 드러내기 시작했을 무렵 링컨의 목표는 두 가지였다. 첫째는 미합중국이라는 연방을 존속시키는 것이었고 둘째는 노예제도가 서부로 확대되는 것을 막는 것이었다. 그

러다 전쟁이 계속되면서 노예제
도 폐지가 링컨이 가장 역점을
둔 새로운 목표가 됐다.

에이브러햄 링컨

링컨이 대통령에 당선되고
공화당이 선거에서 승리하자 노
예제도를 찬성했던 남부의 주들
은 링컨이 노예해방을 선언할 것
이라고 믿었다. 하지만 남북전쟁
이 일어날 무렵까지만 해도 링
컨은 노예제도 폐지론자는 아니
었다. 1861년 대통령 취임연설
의 끝에서도 링컨은 남부의 분리주의자들을 달래기 위해 이 점을
분명히 밝혔다.

"본인은 노예 소유를 합법화하고 있는 일부 주의 노예제도에 대
해 직접적이 됐건 간접적으로 됐건 간섭할 의도가 없다는 사실을
분명히 밝혀두는 바입니다. 우리는 적이 아니라 친구입니다. 또 우
리는 서로 적이 되어서는 절대 안 됩니다."

그러나 링컨의 연설은 4월 21일, 북부 연방과 남부 연맹의 군대
가 사우스캐롤라이나주에 있는 섬터 요새에서 충돌하면서 물거품
이 되고 말았다. 그리고 몇 주 후 또 다른 네 개 주가 남부 연맹에 합
류하면서 남북전쟁이 확대됐다.

대통령이 되기 전부터 링컨은 자신이 윤리적으로 노예제도에

반대한다는 태도를 자주 밝혔다. 하지만 링컨은 연설 대상에 따라 인종 문제에 대한 자신의 견해를 수시로 바꿨다. 어떤 때는 노예제도를 악마와 같은 제도라며 맹렬하게 비난했고 또 다른 경우에는 흑인에 대한 백인의 우월성을 강조하기도 했다. 예를 들어 출신 주인 일리노이에서는 한 번도 흑인의 투표권을 인정하지 않거나, 흑인은 법정에서 백인에게 불리한 증언을 할 수 없다는 불평등 조항에 대해 항의조차 한 적이 없다.

노예제도에 대한 링컨의 의견은 1858년 일리노이주 상원의원 스테판 A. 더글러스와의 토론에서 표면화됐다. 이날의 공개 토론에서는 미국의 노예제도에 대한 전망이 쟁점이 됐다. 더글러스는 국민주권의 입장에서 새로운 정착지의 주민들은 스스로 노예제도를 채택할 것인지 아닌지를 결정할 권리가 있다고 주장했다. 링컨을 철저한 노예제도 폐지론자로 몰아감으로써 선거에서 유리한 고지를 차지하려고 했다.

반면 링컨은 노예제도에 대한 공화당의 강령 수준의 입장을 견지했다. 노예제도의 확산을 방지하기 위해 연방에 새로 편입되는 주에서는 노예제도를 불법화해야 한다는 것이었다. 하지만 링컨의 분명한 입장은 이미 노예제도를 시행하고 있는 주에서까지 노예제도를 폐지해야 할 필요는 없다는 것이었다.

앞장서서 인종 평등을 외치지는 않았던 것이다. 이때까지만 해도 링컨의 최대 관심사는 남부의 독립을 막고 미국 연방을 존속시키는 것이었기 때문이다. 남북전쟁이 일어난 지 여덟 달이 지났을 무렵까지만 해도 링컨은 아직 남부 주들을 회유할 수 있을 것으로 보았다. 남과 북이 적대적으로 충돌을 하기는 했지만, 앞뒤 가리지 않고 싸우는 심각한 내전으로까지 발전하지는 않을 것이라고 믿었다. 그 때문에 의회에다 해방 노예를 외국으로 보내 정착시키자는 제안까지 했다. 하지만 전쟁이 격렬해지면서 상황은 링컨이 어찌할 수 없을 정도로 악화했다.

남북전쟁이 계속되는 동안 남부의 노예제도는 붕괴했고 흑인 노예들은 북부 연방으로 탈출했다. 그러자 해방 노예라는 미처 생각지도 못했던 군사자원에 주목한 미국 의회는 1862년 7월, 흑인 병사의 육군징집을 허용하는 법안을 승인했다. 이제 더는 남부와는 극적인 화해조차 불가능해졌다. 게다가 북부에서는 노예제도 폐지에 찬성하는 사람들이 갈수록 늘어났다. 그렇지만 이 때까지만 해도 링컨의 공개적인 목표는 미국 연방제도를 유지하는 것이었다. 노예해방은 우선 목표가 아니었다.

그러다 1862년 9월, 링컨은 노예해방을 선언했다. 1863년 1월 1일을 기해 남부 연맹의 모든 노예를 해방한다고 밝혔다. 미국에 있는 400만 명의 노예 중 310만 명이 자유를 얻게 된 것이다. (그러나 북부 연방에 편입된 국경 지역 일부 주의 노예 80만 명은 노예해방 선언에서 배제됐다.)

링컨의 초기 의도와 달리 노예해방이 남북전쟁의 최대 목표가 됐다. 물론 링컨의 목적은 여전히 미국의 연방 제도를 유지하는 데 있었지만, 미국 연방은 오직 노예해방을 통해서만 존속할 수 있다는 점을 밝힌 것이다.

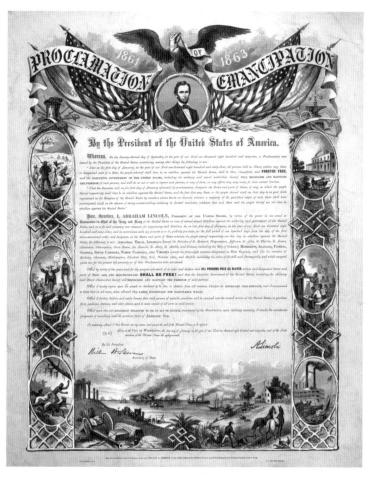

노예해방 선언서 사본 사진

1863년 링컨은 편지에 이렇게 썼다. "유색인종으로 편성된 부대는 반란군에게 치명적인 충격을 줄 것입니다. 이것은 흑인 병사의 도움 없이는 이뤄질 수 없습니다."

링컨은 1863년 11월, 유명한 게티즈버그 연설을 통해 전쟁 수행 목표를 또 한 차례 수정한다. 모든 인간은 평등하게 태어났다는 독립선언서를 상기시키면서 남북전쟁을 북부 연방을 위한 전쟁이 아닌 모든 인종의 평등을 강조하는 자유의 탄생을 위한 전쟁으로 규정한 것이다.

노예해방 선언 이후 링컨은 의회에다 미국 전역에서 노예제도를 불법화할 것을 제도화하는 헌법 수정을 제안했다. 그리고 이 수정 헌법은 1865년 1월 31일 최종적으로 의회를 통과했다.

링컨 자신도 남북전쟁을 거치면서 노예해방에 대한 자신의 견해가 변했음을 인정하고 있다. 물론 처음부터 링컨이 인종차별에 바탕을 둔 노예제도에 반대했던 것은 분명하다. 하지만 전쟁 초기까지만 해도 노예제도의 폐기까지를 추진하지는 않았고 인종 평등을 강조하지도 않았다. 하지만 전쟁이 지속하면서 남부와의 화해가 불가능해졌고 따라서 연방제도 유지라는 링컨의 궁극적인 정치적 목표 달성을 위해 노예해방이 필요해졌다.

링컨의 입장은 1864년 친구인 앨버트 G. 호지스에게 보낸 편지에 잘 나와 있다. "내가 지금까지 일어났던 모든 일을 조종했다고 주장할 수는 없습니다. 오히려 이제까지 일어난 모든 일이 나를 조종했다는 것을 솔직히 고백합니다. 3년에 걸친 남북전쟁이 막바지에 이른 지금, 나라의 상황 역시 어떤 정당이나 개인의 의도나 기대에 따라 이뤄진 것이 아닙니다."

남부의 분리

링컨이 대통령에 당선되면서 남부의 여섯 주는 연방에서 탈퇴해 남부 연맹으로 알려진 미국연맹을 설립했고 제퍼슨 데이비스를 대통령으로 뽑았다. 북부의 인구가 증가하고 경제적으로 번영하면서 남부 분리주의자들은 링컨과 집권 공화당이 노예제도 폐지를 확대할까 우려하기 시작했다.

남부 연맹의 적대행위는 1861년 사우스캐롤라이나주의 섬터 요새에서 시작됐다. 남군이 섬터 요새에 주둔 중이던 북군에게 포격을 퍼부은 것이다. 섬터 요새는 북부 연방이 남부 지역에 갖고 있던 두 곳의 기지 중 한 곳이었다. 링컨은 전쟁을 회피하려고 노력했지만 섬터 요새를 포함한 남부에 위치한 두 곳의 북군 기지는 포기하지 않았다.

이후 4개 주가 남부의 독립투쟁에 합류했다. 그리하여 노예제도가 없던 북부의 스물다섯 주와 노예 소유를 인정한 남부의 다섯 주가 북부 연방과 남부 연맹으로 남북전쟁을 벌였다.

남북전쟁 직전 링컨의 입장

나는 어떤 방법으로든 백인과 흑인이 정치적, 사회적으로 평등하게 되는 것을 찬성하지 않으며 찬성한 적도 없습니다. 흑인에게 선거권을 주고 배심원의 권한을 주며 흑인이 공식적인 지위를 갖는 것, 또

한 백인과 결혼하는 것에 대해서도 찬성하지 않고 찬성한 적도 없습니다…(중략)… 하지만 백인이 우월하다는 이유만으로 깜둥이는 모든 것을 포기해야 한다고는 생각하지 않습니다. 내가 흑인 여자를 노예로 두기 싫다는 이유만으로 흑인 여자를 아내로 맞아들여야 한다고는 생각지 않습니다. 다만 흑인을 있는 그대로 놔두자는 것이 나의 생각입니다.

- 노예제도의 미래에 대한 1858년의 에이브러햄 링컨의 대중연설

연방 존속에 대한 링컨의 입장

1862년 가을, 링컨은 〈주간 하퍼〉라는 잡지에 이렇게 썼다. "만약 노예를 해방하지 않아야 미합중국을 유지할 수 있다면 나는 그렇게 하겠다. 만약 모든 노예를 해방해야만 합중국이 유지된다면 역시 그렇게 하겠다. 또 만약 일부 노예는 해방하고 일부는 노예로 놔두어야 합중국이 유지된다면 역시 그렇게 하겠다."

게티즈버그 연설 신화

링컨은 1863년 11월, 불과 넉 달 전에 게티즈버그 전투에서 희생된 전몰자 추모 행사에 초청돼 역사상 가장 자주 인용되는 유명한 연

설을 했다. 단지 열 개의 문장으로 구성된 삼 분짜리 게티즈버그 연설은 링컨이 추모식장으로 가던 도중 편지봉투에 급하게 휘갈겨 쓴 것이라고 알려져 있다.

하지만 링컨은 워싱턴에서 이미 연설문 초안을 작성해 가지고 갔다. 모두 다섯 통의 연설문이 준비돼 있었는데 어느 것도 편지봉투에 즉흥적으로 쓴 것은 없었다.

전설로 남은 링컨의 짧은 게티즈버그 연설은 아마 링컨에 앞서 연설했던 매사추세츠 주지사 에드워드 에버렛 때문이었을 것으로 추정된다. 그가 청중 앞에서 무려 2시간 동안이나 화려하지만 지루한 연설을 했기 때문에 링컨이 짧지만 강렬한 연설을 했다는 것이다.

1차 대전 때 미국은
전리품만 챙겼다?

제1차 세계대전에서 미국은 전쟁이 끝나갈 무렵에 참전했기 때문에 연합국의 승리에 별다른 이바지를 하지 못했다는 것이 일반적인 평가다. 유럽의 분쟁에 개입하기를 꺼리다가 뒤늦게 전쟁에 뛰어들었기 때문에 서부전선이 승리하는데 실질적인 도움이 되지 못했고 대신 전후처리 과정에 깊숙이 개입해 전리품만 챙겼다는 비판을 들었다. 하지만 실제로는 프랑스에 군대를 파견해 전쟁에 직접 개입했을 뿐만 아니라 연합국의 전쟁 수행과정에서 미국은 결정적인 역할을 맡았다.

전쟁 발발 초기, 우드로 윌슨 미국 대통령의 입장은 확고했다. 미국 건국의 아버지들이 유산으로 물려준 원칙에 따라 유럽의 정치분쟁에 개입하지 않겠다는 태도를 분명히 밝혔다. 인종의 용광로라고 불리는 미국에서 전체 유럽계 이민자 중 독일계의 숫자가 800만 명에 이르렀다는 사실도 물론 적지 않게 작용했다.

비판론자들은 윌슨 대통령이 우유부단하고 소심했기 때문에 참전을 꺼렸다고 주장한다. 실제로 서부전선에 배치됐던 병사들은 터지지 않은 불발탄을 '윌슨'이라고 불렀을 정도로 윌슨 미국 대통령에 대해 비판적이었다. 하지만 대통령은 제1차 세계대전에서 도덕적 명분을 지켜야 한다고 믿었고 이를 토대로 궁극적인 세계 평화 체제를 구축할 것을 구상했다.

미국은 제1차 세계대전 때 중립을 지키면서 엄청난 경제적 이익을 챙겼다. 전쟁이 시작될 무렵인 1914년의 미국은 경제침체기에 진입할 때였다. 하지만 전쟁이 일어나면서 경제가 되살아났다. 지구 곳곳에서 새로운 시장이 만들어졌을 뿐만 아니라 전쟁 당사국들이 막대한 물자를 수입하면서 미국의 생산은 늘었고 이익도 증가했다.

미국이 산업과 농업생산을 늘리면서 실질적으로 가장 큰 이익을 본 것은 연합국이었다. 독일 중심으로 한 추축국은 별다른 혜택을 보지 못했다. 영국해군이 독일 해안을 철저하게 봉쇄하면서 미국의 막대한 잉여 물자가 독일로 들어가지 못했고 반면 연합국은 든든한 후방 보급기지를 얻은 셈이 됐다.

1914년부터 1916년까지 미국이 중립은 지켰던 기간에 미국이 영국과 프랑스에 수출한 물자는 7억 5,000만 달러에서 27억 500만 달러로 급증했다. 반면에 미국의 독일 수출물량은 3억 4,500만 달러에서 200만 달러로 크게 줄었다. 대 독일 수출이 줄었던 배경은

제1차 세계대전 당시 현장에 투입된 미군

물론 독일의 재정이 영국보다 훨씬 취약했다는 점도 있지만, 독일의 경우 재정의 대부분을 군비에 쏟아부었던 것도 이유였다.

미국에서 만들어진 전쟁물자 대부분이 연합국으로 전해져 미국이 후방 보급기지 역할을 했다. 반면에 독일은 핵심 원자재가 부족했고 결과적으로 연합국이 승리를 거두게 된 결정적 요인 중의 하나가 됐다.

1917년 초, 미국은 최종적으로 독일에 대한 군사행동을 결심했다. 중립국인 미국 선박을 포함한 모든 선박에 대해 독일 잠수함 유보트가 무제한 공격을 퍼부었을 뿐만 아니라 독일과 멕시코가 연합해 미국을 위협했기 때문이다. 독일이 승리하면 멕시코의 협력에 대한 보상으로 과거 미국과의 전쟁에서 잃었던 영토를 회복시켜 주겠다는 짐머만 문서가 바로 그것이다.

1917년 4월 6일, 미국은 드디어 독일에 선전포고했다. 하지만 윌슨 대통령은 미국의 전쟁목적은 다른 연합국과 다르다는 사실을 분명히 밝혔다. "미국은 전쟁을 통해 어떤 이기적인 목적도 추구하지 않는다. 패전국을 점령하지도 않고 지배하지도 않을 것이다."

윌슨 대통령은 미국이 연합국보다 도덕적 명분이 앞섰기 때문에 미국이 주도하는 평화조건을 따르도록 유도했다. 1917년 7월 윌슨 대통령은 평화조건에 대한 미국의 의견과 영국, 프랑스의 입장 사이에는 큰 차이가 있다는 점을 명확히 밝히면서 종전 후의 세계질서 재편을 미국을 중심으로 이뤄져야 한다고 주장했다.

전쟁에 깊숙이 개입하기 시작하면서 미국의 취약했던 군사력은 빠른 속도로 강화됐다. 참전 이전 미국의 군사력은 세계 17위로 평가됐었는데 당시 아르헨티나와 같은 수준이다. 하지만 미국은 참전과 함께 대규모 징병제도를 실시하면서 병력을 280만 명으로 늘렸고, 징집 가능 병력은 2,400만 명으로 확대됐다.

참전 초기 미국은 새로 징집한 장병들의 훈련과 병력을 대서양으로 수송할 선박의 절대적인 부족으로 파병이 늦어졌다. 그러나 1917년 말에는 미군 약 20만 명이 유럽에 배치됐고 1918년 10월에는 약 180만 명의 미군이 서부전선에서 전투에 참여했다.

1918년 연합국 전선

- - - - - - - 7월 18일
・・・・・・・・・ 8월 25일
- ・ - ・ - ・ 10월 15일
- ・ - ・ - 11월 6일
━━━━━ 11월 11일

1918년 서부전선 지도

    미국 원정군은 1918년 5월 28일 프랑스 북부의 캉티니에서 프랑스 포병대의 지원을 받아 대규모 전투를 벌이며 독일군에게서 지역을 탈환했다. 6월에는 독일군을 티에리 지방에서 몰아냈고 7월과 8월에는 미군 9개 사단이 라임과 스와송 사이의 독일 동맹군 전선을 무너뜨렸다. 그리고 9월 말에는 100만 명이 넘는 미군이 힌덴부르크 라인을 따라 아르곤 숲으로 진격했다. 하지만 경험 부족과 빈약한 전략으로 인해 대규모 사상자가 발생해 12만 명의 미군이 전사하거나 다쳤다. 10월 말 영국 제3군과 제4군이 설레 강을 건너면서 미군을 포함한 연합군 전선이 전진 배치되고 결국 독일군은 패퇴한다.

패전이 가까워지면서 독일군의 사기는 크게 떨어졌고 독일군 사이에서는 명령 불복종과 탈영이 만연했다. 반면 연합군은 끝없는 미군 병력증강과 함께 공격을 계속했다.

독일에 대한 경제 봉쇄와 대규모 가을 공세로 독일이 항복하면서 1918년 11월 11일 종전협정이 발효됐다. 전쟁이 1918년 이후에도 지속했다면 아마 미군의 규모는 영국과 프랑스군을 모두 합친 것보다도 더 많아졌을 것이다. 미군의 이런 위력을 알고 있었기에 독일의 루덴도르프 장군은 1918년 춘계 대공세를 통해 전쟁의 승부를 결정지으려고 했지만 실패했다.

제1차 세계대전에서 발생한 미군 전상자들의 숫자는 10만 명이 넘었다. 물론 영불 연합군의 피해 숫자와 비교하면 상대적으로 적은 숫자였지만 짧은 기간에 집중적으로 발생했다. 더욱이 외국 전쟁에 대규모 군대를 파견한 적이 없었던 미국이었기에 대규모 사상자는 더욱 아프게 느껴졌다.

제1차 세계대전 승리에 이바지한 미국의 공헌은 결정적이었다. 전쟁물자의 보급과 재정적 지원, 그리고 최종적으로는 병력까지 파병함으로써 연합군이 전쟁을 지속할 수 있었고 최종적으로 승리할 수 있었다.

미국의 수입

영국은 대포, 탄약, 항공기, 자동차 등을 주로 미국에 의존했다. 1916년 영국에서 소비된 식료품의 30%는 미국에서 수입한 것이다. 전쟁이 지속하면서 미국은행은 연합국에 대규모 차관을 제공했는데 종전 무렵까지 빌려준 금액이 모두 100억 달러 규모였다. 반면 영국의 해상봉쇄로 독일은 물자공급이 철저히 봉쇄됐다.

영국에 대한 대규모 차관, 필수품 공급을 비롯해 곤경에 빠진 영국과 연합군에 대한 미국의 지원이야말로 독일 동맹군이 패배하는 데 결정적인 역할을 했다. 영국 작가 고든 코리간은 그의 저서 『진흙탕, 피, 그리고 헛소리』에서 이렇게 주장했다.

"미국이 직접 참전하기 이전에도 미국의 산업과 미국 정부의 지원으로 영국이 전쟁을 지속할 수 있었다. 물론 미국의 지원이 없었더라도 영국이 승리했을 수 있다. 하지만 훨씬 오랜 세월과 훨씬 많은 생명을 잃어야 했을 것이다."

중국 대기근은
대약진 운동 후유증?

    중화인민공화국은 1958년부터 1961년까지 약 4년에 걸쳐 대약진 운동으로 알려진 대대적인 사회경제개혁을 단행했다. 마오쩌둥이 이끌었던 공산정권의 목표는 15년 이내에 경제적으로 산업생산량에서 당시의 구소련과 영국을 추월해 중국을 현대적인 공산사회로 탈바꿈시키겠다는 것이었다. 그러나 농지의 사유화 금지와 급진적 집단농장 제도를 포함한 농업과 산업개혁 프로그램은 결국 파국을 초래했고 그 결과 수백만 명이 기아로 죽거나 굶주림에 시달려야 했다.

    일부 인사들은 엄청난 숫자의 인민이 굶어 죽은 것은 대약진 운동 과정에서 발생했던 예상치 못한 불행한 결과였을 뿐이라고 주장한다. 하지만 이런 주장은 상황을 의도적으로 악화시킨 마오쩌둥

정권의 만행을 무시한 것에 지나지 않는다.

대약진 운동 기간에 죽은 사람의 숫자는 원래 1,500만 명에서 3,200만 명 정도로 추정했었다. 하지만 최근에 공개된 공산당 위원회의 비밀 보고서와 사회 안전 관련 서류를 포함한 다량의 중앙 및 지방정부 문건에 의하면 이 숫자도 정확한 것이라고 할 수 없다. 최근에 밝혀지는 증거자료로 볼 때 1958년부터 1962년 사이에 최소한 4,500만 명이 사망했을 것으로 추산하기도 한다.

프랭크 디쾨터는 『마오 시대의 대기근』이라는 그의 저서에서 각종 최신 자료를 토대로 사망자 숫자를 추정했다. 그리고 당시 희생자들이 얼마나 굶주림에 시달렸는지, 생필품 부족으로 고통을 받았는지, 어떻게 죽을 만큼 강제노동에 매달렸는지, 어떻게 조직적인 폭력과 테러에 희생당했는지를 그려 놓았다.

디쾨터는 아예 '대기근'이라는 표현도 쓰지 말아야 한다고 주장한다. 당시 사람들이 어떻게 죽어갔는지를 제대로 반영하지 못하는 단어이기 때문이라는 것이다. 대기근이라는 단어는 국가가 추진했던 경제개혁이 실패하면서 그 결과로 예상치 못했던 불행한 결과가 발생했다는 의미로 받아들여진다는 것이다.

그러면서 당시 중국 인민들의 죽음은 단순히 굶어 죽은 것이 아니라 의도적인 대량학살에 가까웠으며 스탈린이나 히틀러, 폴포트가 연상될 정도로 정부의 조직적인 무관심 속에서 일어났다는 것이다. 중국 역사나 세계사에서 가장 참혹한 대량학살 사례 중 하나에 가깝다는 주장이다.

중국에서 대기근의 조짐이 처음 일어난 것은 1958년이었다. 이 듬해에는 기근이 더욱 확대됐다. 최근 발굴된 자료에 의하면 당시 정부 최고 지도자들의 결정으로 인해 식량부족과 이로 인한 기근 현상이 심각해졌다. 대다수 정부 관리들은 인민들이 굶어 죽어가고 있다는 사실을 잘 알았지만 마오쩌둥의 측근들은 그저 마오의 변덕을 따라가기에 급급했다. 또 일부 측근은 대약진 운동의 성과를 오히려 과장되게 보고했다. 마오쩌둥 자신도 전국적으로 인민들이 굶주리고 있다는 사실을 알고 있었다. 1959년 마오쩌둥이 이렇게 말한 것으로 알려졌다.

"인민들이 먹을 것이 없어서 굶어주고 있다면 방법이 없다. 전체 인민의 절반이 죽으면 나머지 절반은 배고픔을 면할 수 있다."

중국이 공산화된 이후 농민들은 1953년부터 정부가 정한 가격에 따라 곡식을 강제로 국가에 팔아야 했다. 새롭게 발굴된 자료에 의하면 1959년에서 1962년의 기간 동안, 마오 정권은 곡식 수매량을 종전 20~25%에서 30~37%로 늘렸다. 하지만 이 기간에 농민들의 1인당 곡식 산출량은 최저 수준으로 떨어졌다.

정부는 수매한 곡식 중 일부를 농민들에게 되팔았다. 그것도 수매가격보다 훨씬 비싼 값으로 팔았다. 인민들이 굶주리고 있었음에도 수매 곡식의 대부분은 수출하거나 외국에 원조물자로 제공됐다. 중화인민공화국의 위상을 과시하기 위해서였다. 농촌의 식량부족 현상은 정부의 '수출 최우선 정책'에 밀려 철저하게 무시됐다.

1958년 말부터 중국은 농민들이 개별적으로 보유하고 있던 농

인민공사 농부와 악수하는 마오쩌둥(1959년)

지와 가옥을 해체한 후 2만6,000개의 집단농장을 만들었다. 그 결과로 중국 경제와 사회는 통제할 수 없을 정도로 나락으로 떨어졌다. 집단농장의 농민들은 자신들이 살았던 집을 해체해 비료로 썼고, 밭에 다가는 고철을 녹이는 용광로를 지었다. 마오쩌둥이 세운 철강생산목표를 달성하기 위해서였다. 또 정부가 조성하는 대규모의 불필요한 저수지 조성 공사에 동원돼 땅을 팠다. 농민들이 이러고 있을 때 가족들은 먹을 양식이 없어 굶어 죽어갔다.

농촌뿐만 아니라 중국 도시 대부분과 공장에서도 비슷한 상황이 벌어졌다. 공장노동자들은 갑자기 많이 늘어난 할당목표를 채워야 했고 농촌과 마찬가지로 도시에서도 먹을 식량이 떨어져서 인민들은 굶주림에 시달렸다. 1961년까지 수도인 베이징 노동자의 절반가량이 제대로 먹지를 못해 몸이 붓는 부종에 시달렸다.

협박과 강압이 당시 마오쩌둥 정권을 지탱해주는 기반이 됐다. 정부 정책에 의문을 표시하는 사람은 누구든지 '우파주의자'로 몰렸고 처벌을 받았다. 노동자들에 대한 탄압은 때로 당 간부에 의한 극단적 폭력으로 이어지기도 했다. 당 간부들은 일반 인민들을 두들겨 패기도 했고 정도를 넘어서 개인적인 형벌과 고문을 자행하기도 했다. 대기근 때 굶어 죽었다는 희생자의 6~8%(약 250만 명 추정)는 지방정부 관리들이나 민병대에 의해 살해되거나 혹은 폭력에 의한 상처가 원인이 되어 사망했다.

규정을 조금만 위반해도 노동자들은 중국 전역에 퍼져있던 강제노동 수용소나 재교육 캠프 혹은 집단농장에 딸린 강제노역장으로 보내졌다.

대부분의 관련 자료는 아직도 공개되지 않은 상태로 남아 있지만 대약진 운동 기간 각종 교도소에 갇힌 죄수의 숫자가 약 800~900만 명에 이르렀으며 그중 약 300만 명이 대기근의 와중에서 강제노동 수용소에서 사망했다. 자살 비율도 눈에 띄게 증가했다. 1958년에서 1962년 사이 스스로 목숨을 끊은 사람의 숫자는 100~300만만 명에 이르는 것으로 추산된다.

각종 보고서에 의하면 대약진 운동 기간 인민들은 살아남기 위해 별별 짓을 다 했다. 양식을 훔치는 것은 물론이고 정부의 곡식

저장 창고를 습격하기도 했고, 자식을 버렸으며 심지어 방금 매장한 시신을 파내어 먹기까지 했다.

마오쩌둥이 추진한 경제개혁은 식품 부족 현상뿐만 아니라 모든 생필품의 부족으로 이어졌다. 주택의 약 30~40%가 파괴됐고 수백만의 농민이 집 없이 떠돌아다니는 유랑민으로 전락한 상태에서 제대로 입을 옷과 땔감도 없이 겨울을 맞이해야 했다. 면화 생산량의 대부분은 외국에 수출하거나 방직공장으로 보내졌다.

중국의 천연자원 역시 대약진 운동으로 재앙에 가까운 피해를 보았다. 거대한 산림이 파괴됐으며 일부 지역에서는 지나친 벌목으로 숲의 절반 이상이 사라지기도 했다. 정부의 잘못된 관개 수리 사업으로 작물생산이 줄었으며 상당수 지역이 폭우와 태풍 피해로 황폐해졌다.

대약진 운동으로 인한 피해는 서방세계에도 물론 널리 알려져 있다. 하지만 피해의 규모나 당시 행해졌던 잔혹 행위에 대해 제대로 알고 있는 서양인들은 거의 없다. 이르야 소민 교수와 같은 일부 학자들은 이유를 이렇게 분석했다.

"중국 공산당이 자행했던 잔혹 행위에 대해서는 소련이나 동유럽 공산주의자들이 저질렀던 잘못에 비해 거의 알려진 것이 없다. 동유럽과 달리 중국이라는 나라가 문화적으로 서방세계와는 너무 멀리 떨어져 있기 때문일 것이다."

대장정

중국 공산당 역사에서 대장정은 중요한 의미가 있다. 대장정을 통해 마오쩌둥이 지도자로서의 위치를 굳혔기 때문이다. 대장정은 1934년 10월부터 1935년 10월까지 마오쩌둥이 이끄는 홍군이 국민당군의 공격을 피해 장시성에서 산시성 연안까지 이동한 것을 말한다. 홍군은 8만 명 이상의 병력이 370일에 걸쳐 무려 1만2,500km를 걸었다. 대장정 결과 마오쩌둥은 중국 공산당의 최고 지도자로 부상했고 장개석이 이끄는 국민당을 물리쳤다.

그러나 대장정을 둘러싼 전설적인 이야기 중에는 사실과 일치하지 않는 부분도 적지 않다. 우선 대장정은 단 한 번만 있었던 것이 아니다. 다수의 공산당 군대가 다양한 형태의 장정을 했다. 마오쩌둥이 대장정 전체를 기획하거나 지휘했던 것도 아니다. 대장정이 시작되기 며칠 전에야 장정에 참여하라는 통보를 받았을 뿐이다. 붉은 군대가 연안에 도착했을 때야 비로소 전적인 지휘권을 줬지만 그렇다고 마오쩌둥이 홀로 장개석을 패배시킨 것은 아니다. 장개석의 부하 장군인 장학량이 장개석을 납치해 공산당과 연합해 공동의 적인 일본과 싸우도록 강요한 결과였다.

여성 참정권은
여성 운동의 결과?

 20세기 초, 영국의 여성 운동가들은 에멀린 팽크허스트의 지도 아래 여자도 투표할 수 있는 참정권을 얻기 위해 대규모 대중 집회를 여는 등 격렬하게 투쟁했다. "말이 아닌 행동으로!"라는 구호 아래 여성 운동가들은 대담하면서 때로는 과격한 방법으로 시위를 벌였다. 대규모 집회를 열고 시위를 주도하는 것은 물론이고 공공건물의 유리창을 깨거나 불을 지르기도 했고 구속됐을 때는 단식투쟁도 마다하지 않았다.

 1918년 여성에게도 드디어 투표권이 주어졌다. 여성 운동가들이 참정권을 얻기 위해 열정적으로 투쟁한 덕분이었다. 하지만 여성 운동가들이 관심을 끌어내고 정부에 상당한 압력으로 작용한 것은 분명하지만 여성의 참정권이 전적으로 여성 운동가의 노력 때문

밀리센트 포셋

이었다고 말할 수는 없다.

1850년대 이후 빅토리아 시대의 영국에서 여성들은 자신들의 정당한 권리를 요구하기 시작했다. 1870년대에는 여성도 투표권을 가져야 한다고 주장하는 다양한 단체가 전국에 우후죽순으로 생겨났다. 1867년 밀리센트 G. 포셋이라는 여성 운동가가 전국의 단체를 하나로 결집해 전국 여성 참정권단체 총연합회(NUWSS)를 만들었다. 사람들은 이 단체 회원을 여성 참정권론자라고 불렀다.

이들은 여성도 남성과 마찬가지로 투표권을 가져야 한다고 주장하며 평화적인 방법으로 대중의 지지를 호소했다. 기존 정치인과 각종 단체를 포섭해 여성에게 투표권을 부여하도록 주장하는 한편 집회를 열고, 팸플릿을 제작해 배포했다. 또 여성들의 정치 참여에 동조하는 남성 정치인들을 후원하기도 했다.

이 단체는 회원 숫자가 빠르게 늘어나면서 1907년에는 3,000명의 회원이 단체 총연합회의 깃발 아래 시가행진을 벌이기도 했다. 당시 런던 시민들은 여자들이 단체로 모여서 시내를 행진하는 광경을 놀라운 눈으로 바라봤다고 한다. 제1차 세계대전이 일어날 무렵까지 여성 운동가들은 투표권 확보를 위해 다양한 운동을 전개했는데 그 결과로 총연합회의 회원 숫자도 5만 명 이상으로 늘었다.

1903년에는 여성 운동가 에멀린 팽크허스트의 주도로 급진적인 여성사회정치동맹(WSPU)이 만들어졌다. 이들은 여성에게 투표권을 부여하는 것은 물론이고 여성의 전반적인 사회적 지위 향상이 이뤄져야 한다고 주장했다.

초기에는 전국 여성참정권단체 총연합회와 협력해 활동했는데 1908년에는 두 단체가 연대해 런던 시내에서 대규모 집회를 열고 시가행진을 펼쳤다.

하지만 당시 아스퀴드 수상이 여성들에 대한 투표권 보장에 대해 부정적인 견해를 나타내자 여성사회정치동맹은 운동 전략을 공격적으로 수정했다. 이후 2년 동안 이들은 정부 건물의 파괴를 시도했고 구속되어 갇히면 단식투쟁을 전개했다. 급기야 당국에서 단식투쟁을 벌이는 수감자들에게 강제로 음식을 먹이는 사태까지 발전했다.

1910년 영국 정부는 총연합회와 사회정치동맹 두 단체를 초청해 여성에게 투표권을 부여하는 조정법 초안의 기초를 맡겼다. 그러나 1911년 말까지도 법안이 의회를 통과하지 못하자 여성 참정권 운동가들은 공격적이며 전투적인 행동을 재개하기 시작했다. 공공건물의 유리창을 깨고 건물을 부수며 우편함에 불을 질러 수천 통의 우편물을 불태웠다. 때에 따라서는 폭탄테러까지도 서슴지 않았다.

지도자인 에멀린 팽크허스트는 여성 운동가들이 벌이는 모든 과격한 행동에 대한 책임은 전적으로 자신에게 있다고 주장하면서 투쟁을 이끌었다. 그러다 로이드 조지의 사택이 폭탄테러를 당하자 에멀린 팽크허스트에게 3년의 징역형을 선고됐다. 하지만 복역 중이던 1914년 8월, 여성사회정치동맹이 과격행위를 중단하면서 수감된 지 6주 만에 석방됐다.

데일리 스케치의 1면, 1913년 6월 9일, 에밀리 데이비슨의 죽음을 보도

한편 1913년에는 에밀리 데이비슨이라는 여성 운동가가 더비에서 왕의 말 앞에 몸을 던졌다가 말발굽에 채여 사망함으로써 세상이 떠들썩해졌다.

여성의 참정권을 요구하는 운동이 대중적으로 널리 알려졌고 회원 숫자 역시 크게 드러났지만, 온건파였던 밀리 센트 포셋은 폭력적인 수단으로는 목적을 정당화할 수 없다고 확신했다. 그리하여 1908년부터는 과격한 여성 참정권 운동단체인 여성사회정치동맹과는 거리를 두고 총연합회를 이끌었다.

이 무렵 영국에는 여성 운동가들의 폭력적인 행동에 대해 부정적인 여론이 형성되기 시작했다. 언론은 운동가들의 폭력행위를 급진적이며 비정상적인 행동으로 보도했다. 그러므로 투표권을 부여할 만큼 여성들을 신뢰할 수 없다는 여론까지 생겼다. 일부 여성 운동가들의 극단적인 행동 때문에 여자들도 투표권을 행사해야 한다는 주장에 동조했던 의원 중에는 태도를 바꾸는 사람도 생겼다.

제1차 세계대전이 일어나자 총연합회와 정치사회동맹 두 단체는 잠정적으로 정치적 활동을 중단했다. 그리고 대신에 전쟁 수행을 지원하는 방향으로 활동을 전환했다.

전쟁이 끝날 무렵에는 공장노동자나 탄광 노동자, 사무직 근로자와 농장 운영 등 전통적으로 남자들의 일자리라고 여겨졌던 분야에 여성들이 광범위하게 진출했다. 이와 함께 여성들의 정치참여에 긍정적이었던 로이드 조지가 1916년 아스퀴드를 대신해 수상에 선출됐다.

이듬해 영국 하원은 참정권을 확대해 영국에 거주한 적이 없었던 귀환 군인에게도 투표권을 부여했고 군수공장 노동자들에게도 투표권을 인정했다. 그러다 보니 정부는 군수공장에서 일하고 있던 다수의 여성 노동자들에게도 투표권을 부여하는 방안을 검토하지 않을 수 없게 됐다.

1918년 드디어 국민대표법이 통과했다. 그리고 법에 따라 30세 이상의 여성, 20세 이상의 남성에게 모두 투표권이 부여됐다. 그뿐만 아니라 여자도 선거에 입후보할 수 있게 됐다.

여성의 참정권 확보를 위해 여성 운동가들이 적극적으로 활동한 것이 여성들의 권리를 인식시키는데 크게 이바지한 것은 부정할 수 없다. 그렇지만 여성에 대한 차별을 없애는데 결정적으로 이바지한 것은 제1차 세계대전과 민주주의가 확산한 결과라고 봐야 할 것이다.

전쟁이라는 특수상황으로 인해 여성들이 군에 입대한 남자들의 일자리를 대신하면서 여성의 역할에 대한 사회의 인식과 태도가 바뀌게 됐다. 여성 운동가들이 선택했던 극단적 방법이 관심을 촉구하고 여성 불평등에 대한 논쟁을 촉진한 부분도 없지 않지만, 또 다른 한편으로는 평화적인 정치 해결에 대한 여성들의 능력에 대해 의심을 초래했던 부분도 없지 않았다.

결론적으로 영국에서 여성이 최초로 투표권을 행사할 수 있게 된 공로는 여성 운동가의 노력과 빅토리아 시대의 남녀 평등주의자, 그리고 전쟁 중 남자 대신 노동에 종사했던 여성 노동자들 모두에게 돌려야 할 것이다.

1913년 6월 4일, 고등교육을 받은 여성 운동가로 활약하던 에밀리 데이비슨이 엡섬 더비 경마장 장벽을 넘어 달려오는 경주마 앞으로 몸을 던졌다. 그녀는 조지 5세 왕의 애마, 안머의 말발굽에 채여 쓰러졌고 곧바로 뒤따르던 말들에게 짓밟혔다. 급히 병원으로 옮겨졌지만 사고가 일어난 지 4시간 후에 결국 사망했다.

여성 참정권 운동가 단체에서는 에밀리 데이비슨이 여성의 투표권 보장을 주장하며 온 몸을 던져 자신을 희생한 것이라고 발표했다. 하지만 경위를 조사한 당국은 데이비슨이 자살 시위를 한 것이 아니라 단지 경마를 중단시키려다 일어난 사고였다고 결론을 내렸다. 현장을 목격한 사람들 역시 데이비슨이 왕의 말에 현수막을 걸려고 했었던 것 같다고 증언했고 말고삐를 잡으려고 했다는 증언도 있었다. 당시 현장 사진을 분석한 결과 그녀가 말 앞으로 몸을 던져 날린 것처럼 보이지는 않았다. 말에 채여 쓰러지기 전까지는 똑바로 서 있었다. 데이비슨의 지인들 역시 그녀는 절대로 자살을 할 사람이 아니라고 주장했고 유서조차 남기지 않았다. 심지어 돌아가는 왕복 기차표까지 구매한 상태였다. 무모할 정도로 용감하게 항의했다는 것은 분명하지만 자살이 목표는 아니었던 것 같다.

제임스 와트가
증기기관을 발명했다?

　　산업혁명을 일으키는 추진력이 됐던 증기기관은 스코틀랜드 출신의 기계공학자 제임스 와트가 발명했다. 모두가 알고 있는 상식이지만 맞는 부분도 있고 잘못 알려진 부분도 있다.

　　제임스 와트는 산업혁명을 이끌었던 인물로 존경받았다. 하지만 최초의 증기기관은 제임스 와트가 발명한 것이 아니었다. 제임스 와트는 공장에서 널리 사용할 수 있도록 증기기관을 개선했고 실용화시켰던 인물이었다.

　　수증기를 이용해 기계를 작동시키는 장치는 제임스 와트 이전에도 이미 여러 종류가 선을 보였다. 제임스 와트의 증기기관은 70년 전에 토머스 뉴커먼이 발명했던 장비를 개량한 것이다. 뉴커먼의 증기기관은 증기와 대기압을 동시에 이용하는 것으로 1712년 처음 만들어졌다. 피스톤과 실린 더를 사용하도록 고안된 뉴 커먼의 장치는 영국과 유럽 의 석탄광산에서 지하수를 퍼내는 양수기에 사용됐다. 하지만 뉴커먼의 증기기관을 개선한 제임스 와트의 장비 는 탄광의 양수기는 말할 필 요도 없고 모든 공장에서 쓸 수 있도록 개량된 것이다.

와트가 실험한 모델 뉴커먼 엔진

1763년과 1764년, 글래 스고우 대학에서 근무하고 있던 제임스 와트에게 뉴커

먼 증기기관의 문제점을 개선해 달라는 요청이 들어왔다. 실린더를 반복해서 가열하고 냉각하는 과정에서 에너지 이용 효율이 너무 낮 았기 때문에 이 문제를 해결해 달라는 부탁이었다.

제임스 와트는 뉴커먼의 증기기관을 개량해 두 개의 실린더를 사용하는 엔진을 고안했다. 뉴커먼의 장치에서는 실린더가 하나였 다. 와트는 이를 가열된 상태의 실린더와 냉각된 상태의 응축 실린 더로 나누고 연소실을 분리했다. 이렇게 만들자 증기기관의 파워가 급상승했고 에너지 효율도 높아져 연료로 사용하는 석탄의 양을 크 게 줄일 수 있었다.

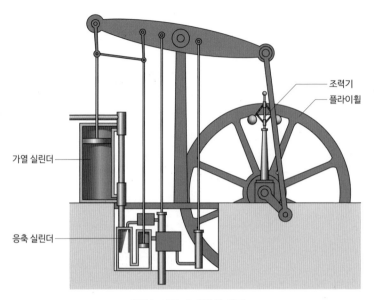

가열 실린더

응축 실린더

조력기

플라이휠

제임스 와트가 개발한 엔진

　제임스 와트는 함께 일했던 기계 제작자 매튜 볼턴과 함께 증기
기관을 개량하는 연구를 계속했다. 그리하여 1783년 플라이휠과
바퀴의 속도를 조절하는 조속기가 추가된 로터리 방식의 증기기관
을 만드는 데 성공했다. 엔진의 작동 속도를 일정하게 유지할 수 있
게 된 것이다.

　새로운 증기기관은 모든 공장에서 엔진으로 사용할 수 있었다.
그리하여 와트와 볼턴은 1800년 합작으로 회사를 설립했고 모두
499대의 증기기관을 만들어 팔았다. 하지만 기대했던 것과는 달리
19세기 초반까지만 해도 증기기관은 그다지 인기를 얻지 못했다.
공장주는 주로 수력이나 마력 또는 인력과 같은 전통적 방식의 동

력에 의존했기 때문이다.

그러나 증기기관의 효용성이 알려지면서 활용범위가 점진적으로 확대됐다. 먼저 방직공장에서 증기기관을 이용했고 이어 탄광, 방앗간, 철강 공장 등에서도 증기기관을 쓰기 시작했다. 그러다 마침내 증기 기관차가 등장했고 증기 기선이 나왔다. 이렇게 증기기관의 사용이 늘어나면서 기계부품 산업이 발달하게 됐고 이어 각종 기계가 정교하고 복잡해지면서 또 기계산업이 발전했다. 증기기관의 발명에 따른 진정한 후폭풍은 19세기 후반부터 시작됐다. 터빈 엔진이 나오면서 전기생산이 가능해졌기 때문이다.

정리하자면 최초의 증기기관은 제임스 와트의 발명품이 아니다. 따지고 보면 최초의 증기기관은 고대 그리스인이 만든 수증기를 이용하는 원시장비라고도 할 수 있다. 제임스 와트가 최초의 발명자가 아니라고 해서 와트의 역할을 과소평가할 수는 없다. 증기기관을 효율적으로 개량해 산업혁명을 촉발하는 데 있어 제임스 와트가 결정적인 역할을 했기 때문이다.

비하인드 스토리

증기기관 개발의 역사는 유서가 깊다. 증기기관의 종류도 다양했다. 뉴커먼의 증기기관이 나오기 전에도 토머스 세이버리가 1698년, '광부의 친구'라는 양수기 펌프 엔진을 만들어 특허를 받았다. 뉴커먼이 만든 증기기관 역시 1679년 프랑스의 데니스 파팽이 만든 실험 장치에서 아이디어를 얻어 만든 것이었다. '증기 소화 장치'라는 이 장비는 고압의 수증기 상태에서 뼈에 있는 지방을 추출하는 장치였다. 압력 조리기구의 전신이라고 할 수 있는 장치였다. 심지어 고대 그리스인들도 증기를 이용한 엔진을 생각해냈다. 수증기 힘으로 움직이는 기묘한 기계였는데 수증기의 압력이 파이프를 통해 전해지면서 축을 중심으로 돌아가는 지구본 같은 장치였다.

고대 그리스의 증기엔진, 이어로파일(Aeolipile)

세실 로즈는
영웅인가 악당인가?

영국의 식민지 정치가 세실 로즈(1853년~1902년)에 대한 평가는 그의 행적을 어떻게 보느냐에 따라 양극단으로 나뉜다. 20세기 영국에서는 한때 대영제국을 건설한 인물들의 업적을 기리는 것이 유행했던 적이 있다. 이때 세실 로즈는 대영제국 역사에 길이 남을 영웅으로 평가받았다. 남아프리카의 광활한 영토를 영국 식민지로 만들었고 케이프에서 카이로에 이르는 아프리카 종단 열차 건설을 추진한 업적을 기려서 그가 정복한 식민지에 그의 이름을 따서 로디지아(짐바브웨)라는 이름까지 지었다.

그러나 21세기에 들어선 요즘 세실 로즈에 대한 평가는 절대로 긍정적이지 않다. 거의 사기꾼에 가까운 인물인 데다 약소민족을 괴롭혔던 오만한 제국주의 깡패였으며 다이아몬드 광산업계의 무

세실 로즈

자비한 거물로 보석을 이용해 정치적 야심을 드러냈던 정치꾼에다 철저한 백인 우월주의자였다는 비판을 받고 있다.

대영제국의 국민적 영웅이었는지 아니면 영국의 수치였는지 극단적으로 엇갈리지만 따지고 보면 흑백논리로 세실 로즈를 평가하겠다는 시도 자체가 지나치게 단순한 접근법일 수 있다.

다수의 역사학자는 세실 로즈가 성격적으로 결함이 많은 복잡한 인물이었다고 말한다. 완고하고 무자비했으며 신경질적인 성격으로 야심이 가득 찬 인물이었다는 것이다. 그렇지만 실제로 세실 로즈의 성격에 대해 알려진 것은 거의 없다. 개인적으로 가까운 주변 사람들에게조차 편지 한 통 남겨놓지 않았기 때문이다.

세실 로즈의 친구였던 영국 시인 키플링은 그에 대해 성격을 어떻게 규정하기 힘든 사람이라고 말했다. 역사학자 로버트 로트버그와 마일즈 쇼어는 저서 『세실 로즈와 권력』에서 세실 로즈는 듣는 사람에 따라서 우호감과 적대감을 동시에 유발하는 이름이라고 평가했다.

세실 로즈의 일생을 보면 십 대 시절에는 천식으로 인해 병약한 세월을 보냈다. 그리하여 1870년 날씨가 나쁜 영국에서 기후가 좋은 남아프리카로 떠난다. 일 년 후 로즈는 킴벌리로 이사를 하였고 그 후 2년 동안은 형과 함께 남아프리카의 다이아몬드 광산과 금광 탐사대에 합류한다. 3년 만에 당시 일만 파운드라는 거금을 번 로즈는 1873년 영국으로 돌아와 옥스퍼드 대학 오리엘 칼리지에 입학했다.

대학 졸업 후 다시 남아프리카로 돌아온 세실 로즈는 영악한 기업인으로 변신했다. 1880년 다이아몬드 광산을 운영하는 드비어스 광산회사를 설립했고 1890년 드비어스는 남아프리카 최대 기업이 됐다. 그리고 세실 로즈는 세계 다이아몬드 시장의 90%를 좌지우지하는 거물로 발돋움하면서 케이프주 식민지 총독이 됐다.

세실 로즈는 또 영국의 동인도 회사와 성격이 비슷한 남아프리카 회사의 책임자로도 활동했는데 이를 통해 중남부 아프리카 대부분을 영국 식민지로 만들려고 했다. 1889년 로즈는 지금의 남아프리카 공화국의 일부인 트란스발주 북부의 개발권을 확보했다.

이곳에 있는 마타벨레랜드의 왕 로벤굴라는 돈과 무기를 받는 조건으로 세실 로즈에게 은데벨레 지역의 독점적인 채굴권을 인정했다. 그러나 글을 읽을 줄 몰랐던 로벤굴라 왕은 로즈의 대리인에게 속아서 구두로 합의했던 것과는 내용이 다른 문서에 서명한다. 문서에는 광산 채굴권뿐만 아니라 땅의 소유권까지 모두 넘기는 것으로 적혀있었다. 뒤늦게 왕국을 잃게 된 사실을 안 로벤굴라 왕은 협정 무효화를 시도했지만 이미 엎질러진 물이었다. 그리하여 1893년 로벤굴라 왕은 절대로 이길 수 없는 전쟁에 말려들었고 로

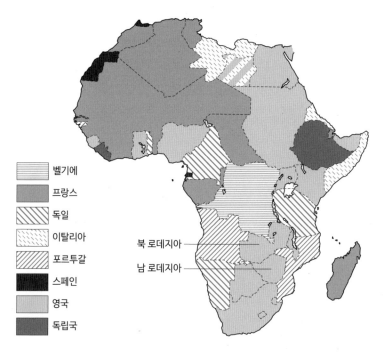

벨기에

프랑스

독일

이탈리아

포르투갈

스페인

영국

독립국

북 로데지아

남 로데지아

제1차 세계대전 발발 직전 아프리카 식민지 분포도

즈의 군대는 마침내 왕국을 점령했다. 그중 일부가 지금의 짐바브웨인 남부 로데지아이다. 로즈는 연이어 지금의 잠비아인 북부 로데지아마저 차지했다.

일부 평론가들은 왕을 속이고 은데벨레 지역을 정복한 것이 유감스러운 행동이었던 것은 분명하지만 영토 상실은 폭군으로 악명이 높았던 로벤굴라 왕 자신이 자초했던 측면도 없지 않다고 주장한다. 로벤굴라 왕 역시 한 세대 전 지역의 최대 부족이었던 마쇼나 부족을 학살하고 땅을 식민지화했던 장본인이었다. 일부 인사들은 세실 로즈가 은데벨레와 마쇼나 지역을 차지하지 않았더라도 어차피 독일과 벨기에의 후원을 받던 트란스발의 보어인들이 그 땅을 차지했을 것이라고 말한다. 로데지아 출신의 언론인 피터 고드윈은 이렇게 기록했다. "로즈와 동료들은 당시 그들이 처해있던 환경과 윤리기준에 맞춰 행동했을 뿐이다"

지금 기준으로 보면 세실 로즈는 대영제국이라는 제국주의에 대한 확고한 신념을 바탕으로 남아프리카 주민들에게 무자비한 짓을 저지른 악당이었고 인종적 편견으로 가득 찬 인물이었다.

"영국인은 세상에서 가장 뛰어난 일등 민족이다." "영국인이 거주하는 지역이 넓어질수록 인류를 위해 바람직하다." 로즈가 했던 말들이다.

세실 로즈는 앵글로 색슨 민족의 우월성을 역설했던 인물이다. 그러나 가까운 동료이자 절친한 친구였던 제임슨 박사는 반대로 말한다. 세실 로즈가 아프리카 원주민에 대해 무한한 애정을 품고 있었다고 기록했다.

"로즈는 이상하다고 여겨졌을 정도로 천성적으로 원주민에 대해 동정적이었다. 원주민들을 어린아이 바라보듯 애정 어린 시선으로 대했다. 단호하지만 자애로운 태도로 원주민들을 다뤘다."

세실 로즈가 같은 시대를 살았던 다른 사람들과 마찬가지로 인종 차별주의자였던 것은 분명하다. 그가 이뤘다는 업적 역시 무자비하고 부도덕했던 것도 확실하다. 하지만 엄청난 야심과 추진력으로 아프리카를 개척했다는 것도 역시 사실이다. 또한, 원주민들을 거의 멸종시키다시피 했던 오스트레일리아나 북아메리카의 백인 정착민들보다도 더 세실 로즈가 잔인했는지는 논란의 여지는 있다.

세실 로즈는 선과 악의 면모를 동시에 갖고 있었던 묘한 인물이다. 그가 남겼던 업적은 자신이 사망할 무렵에도 세상 사람들로부터 찬양과 경멸을 동시에 받았다. 대표적인 영국 신문인 타임스지에는 이런 부고가 실렸다.

"세실 로즈는 동시대를 살았던 인물 중에서 가장 확실하게 영국인들에게 제국주의의 꿈을 펼쳐 보였던 인물이다. 그렇지만 우리는 더는 우리의 기억 속에서 세실 로즈와 관련된 일들을 떠올리지 않을 수 있게 되기를 희망한다."

아프리카 종단철도

세실 로즈는 영국의 지배 아래 아프리카 북부와 남부를 연속선으로 연결하려고 구상했다. 그런 구상의 하나로 19세기 말 남아프리카 케이프에서 이집트 카이로를 잇는 철도건설을 주장했다. 전체 아프리카 종단철도는 결국 완성되지 못했다. 하지만 많은 구간이 건설돼 지금도 우간다와 수단 북부를 잇는 노선이 운행되고 있다.

세실 로즈가 남긴 말

"영국인으로 태어났다는 사실 자체가 인생복권에 당첨된 것이나 다름없다" 후세 사람들이 얼마나 오랫동안 자신을 기억할 것 같으냐고 묻자 "4,000년은 기억할 것이다"라고 답했다.

"할 수만 있다면 하늘의 별들도 서로 연결해 놓을 것이다. 나는 가끔 그런 꿈을 꾼다."

제임슨의 기습

세실 로즈는 1895년, 그동안 쌓았던 명성에 치명상을 입는다. 비밀리에 후원했던 동료 린더 S. 제임슨 박사의 불법적인 보어 정부 전복 시도가 실패했기 때문이다. 제임슨의 작전 실패는 재앙이 됐다. 제임슨은 보어군에 생포됐고 세실 로즈는 망신을 당했다. 보어 공화국과 영국의 관계가 악화하면서 결국에는 1899년 시작돼 1902년에 끝난 남아프리카 전쟁으로 이어졌다. 세실 로즈는 케이프 식민지 총독의 지위에서 쫓겨났는데 1902년 죽을 때까지 총독 자리에 복귀하지 못했다.

미국이 진주만 공격을
유도했다?

　일본은 1941년 12월 7일, 미국 태평양 함대 사령부가 있는 하와이 오아후의 진주만에 비열한 기습공격을 퍼부었다. 일본의 기습은 대성공이었다. 미국 해군은 여덟 척의 전함, 세 척의 구축함, 세 척의 순양함이 격침되거나 대파했고 3,435명의 장병이 전사, 또는 다쳤다.

　프랭클린 루스벨트 미국 대통령의 표현처럼 "영원히 오명 속에 남겨질 하루"로 인해 태평양 전쟁이 터졌고 미국은 일본은 물론 유럽 전쟁의 수렁 속으로도 빠져들어 갔다.

　일본의 기습공격에 진주만의 미국 해군 주력부대를 포함한 미군은 무기력하게 당하기만 했다. 너무나 속수무책으로 당했기에 미국이 어떻게, 그리고 왜 그토록 허를 찔렸는지를 놓고 무성한 소문이 퍼졌다.

일각에서는 루스벨트 대통령이 제2차 세계대전에 참전할 명분도 얻고 자신의 정치적 입지도 다지기 위해 일본의 기습공격을 유도했다고 주장했다. 무참했던 패배로 인한 분노의 산물로 나타난 이런 논란은 아직도 이어지고 있다. 음모론을 주장하는 사람들은 대통령부터 주요 고위직 관리에 이르기까지 모두 사전에 일본의 의도를 알고 있었지만, 기습공격을 유도하기 위해 침묵을 강요당했다고 주장한다.

일본의 공격이 신속하고 기습적이었던 것은 분명하다. 하지만 일본이 갑자기 미국을 공격한 것은 아니다. 미국과 일본의 관계는 진주만 공격 수년 전부터 악화 일로를 걸었다. 1930년대 초, 일본이 중국 침략에 속도를 내면서 미국과 일본의 관계는 계속 나빠지기 시작했다. 게다가 유럽 전쟁이 발발하면서 일본은 1940년 9월, 독일, 이탈리아와 삼국 추축 동맹을 체결하고 동남아시아에 있는 영국, 프랑스, 네덜란드의 식민지로 침략의 관심을 돌린다. 이런 일본의 침략행위에 대응해 미국은 엄중한 수출 제한 조치로 맞섰다. 그리고 1941년 7월부터 미국과 일본 두 나라 사이의 무역은 완전히 중단됐다.

이로부터 석 달이 지난 후 도쿄에서는 온건파 내각이 물러나고 대미 강경파로 면도날이라는 별명으로 불렸던 도조 히데키 장군이 이끄는 군부 내각이 정권을 장악했다. 당시 미국은 일본과 무역 재개를 위한 전제조건으로 일본군이 중국과 인도차이나반도에서 완

진주만 공격. 일본 비행기에서 본 모습

전히 철수하는 한편 일본이 중국 국민당 정부를 지원해야 한다고
주장했다. 하지만 미국이나 일본 어느 한쪽도 자신들의 주장에서
한 걸음도 양보하지 않았기 때문에 무역 재개를 위한 협상은 교착
상태에 빠졌다.

이 무렵 미국 정부는 일본이 외교협상의 마감 시한을 정해놓고
있었으며 정해진 시간까지 합의가 이뤄지지 않으면 결국 전쟁이 일
어날 것이라는 사실을 알고는 있었다. 미국의 암호해독 전문가들이
'매직'이라는 암호명으로 알려진 암호 해독장치를 이용해 일본의 암
호문을 해독했고 극비 전문의 내용까지도 알아챘었기 때문이다.

전쟁이 곧 일어날 것이라는 극비 전문을 수없이 해독했지만, 문제는 공격이 언제, 어디서 시작될지를 파악하지 못했다는 점이었다. 루스벨트 행정부의 관리들은 일본의 최초 공격이 동남아시아의 어느 한 지점이 될 것으로 예측했다. 일본군이 감히 중무장한 미국 태평양 함대 사령부가 있는 하와이의 오하우섬을 직접 타격할 것이라고는 꿈도 꾸지 못했다.

미국은 게다가 일본의 군사적 능력을 과소평가하는 치명적 실수를 저질렀다. 미국 작전 전문가들은 일본이 여러 곳에서 동시에 해군작전을 전개할 능력이 없다고 평가했다. 여섯 척의 항공모함으로 이뤄진 일본 항공모함 기동타격부대가 11월 6일 일본의 모항을 떠나 하와이에서 방송되는 라디오 주파수를 따라 일반 상선들의 운항 경로를 피해 서태평양을 건넌 후 진주만을 기습할 수 있을 것이라고는 상상도 하지 못했다.

암호해독기인 '매직'이 기습공격 당일이었던 12월 6일, 도쿄에서 미국 워싱턴 주재 일본 대사에게 전달된 14개의 문장으로 이뤄진 암호를 해독했다. 마지막 메시지는 분명 일본 대표단에 협상 결렬과 동시에 전쟁 발발을 선포하라는 내용이었다. 하지만 해독한 암호문이 국무부 장관과 참모총장에게 전달되는 데 시간이 걸렸다. 그 결과 이미 진주만이 기습공격을 당한 후에야 국무부 장관과 참모총장은 해독된 암호문을 받아볼 수 있었다.

그렇다면 미국은 어째서 기습공격 가능성에 대해 사전에 준비하고 경고하지 않았을까? 이 질문을 놓고 전쟁이 끝난 후에도 수십 년 동안 논쟁이 이어졌지만, 학자들은 상황이 모호했다고 말한다.

사실 일본은 공식적으로 선전포고를 하거나 먼저 협상 결렬을 선언할 의도가 없었다. 마지막 전문조차 그것이 선전포고를 의미하는 것인지 혹은 단순히 외교 관계를 단절하겠다는 뜻인지 확실하게 단정을 짓기 어렵게 쓰여 있었다.

미국이 일본의 의도를 정확하게 해독하지 못했다는 것과는 별도로 당시 루스벨트 대통령 역시 전쟁을 서두를 이유가 없었다. 미국이 전쟁에 필요한 역량을 갖추기까지는 시간이 더 필요했기 때문에 루스벨트 대통령은 될 수 있으면 일본과의 전쟁을 최대한 늦추려고 했다. 사실 독일과의 전쟁이 더 중요했기 때문이다.

일본과의 전쟁이 불가피해진 경우라도 루스벨트는 미국이 선제공격으로 전쟁을 일으켰다는 소리를 듣는 것은 피하고 싶었다. 진주만 공격이 있기 하루 전날, 한 참모가 기습공격에 대한 예방 차원에서 선제공격하는 것이 어떻겠냐고 물었다. 그러자 루스벨트는 "그렇게는 할 수 없다네. 미국은 민주주의 국가이고 미국 국민은 평화를 사랑하는 국민이기 때문이라네."라고 대답했다.

진주만이 공격당한 이후 1941년부터 1995년까지 미국 정부는 모두 아홉 차례에 걸쳐 진주만 피습 과정에 대한 조사를 진행했다. 그러나 모든 조사 결과에서 루스벨트 대통령이 사전에 진주만 공격을 알고 있었음에도 적극적으로 막지 않았다는 주장을 뒷받침할 만한 증거는 발견되지 않았다.

조사 결과 주로 일본의 군사력에 대한 총체적인 오판, 미국 육군과 해군 사이의 협력 부재, 그리고 정부수집 인력 부족 등이 지적됐다. 일본의 진주만 공격은 미국이 유도한 음모가 아니라 미국의 전쟁 준비 부족과 실수 때문이었다는 결론이 내려졌다. 대통령과 참모는 모든 관련 정보를 공유했고 일본의 군사행동이 임박했다는 경고를 받았지만, 일본의 군사적 능력을 과소평가하는 실수를 저질렀다. 일본이 직접 미국 영토인 진주만을 공격하리라고는 상상도 못 했기 때문이다.

치고 빠지기 작전

일본의 진주만 공격은 전형적인 히트 앤드 런의 기습공격이었다. 일본은 미국 태평양함대의 기동력을 무력화시킨 후 동남아시아의 주요 전략거점을 점령한다는 계획이었다. 석유와 주석, 고무 등의 천연자원이 풍부한 필리핀, 미얀마, 말라야 등을 차지하는 것이 목표였다. 일본은 자원이 부족한 데다 미국의 금수 조치로 인해 안정적인 물자 확보가 절박했다. 동시에 미국의 태평양함대를 파괴하면 미국민의 사기가 땅에 떨어져 루스벨트 대통령이 평화를 요청할 수도 있다고 판단했다. 하지만 결과는 정반대였다. 진주만 공격은 미국이 단결하는 계기가 됐기 때문이다.

야마모토 신화

진주만 공격을 구상하고 기획했던 일본 해군 제독 야마모토 이소로쿠는 참모들에게 이렇게 말했다고 한다. "우리의 행동이 잠자는 거인을 깨우는 것이 아닐까 두렵다" 영화에서도 인용되는 극적 발언이지만 실제 야마모토가 이렇게 말했다는 기록은 어디에도 없다.

영국 왕 조지 3세가
미친 이유는?

조지 3세는 인생 말년에 불치의 정신병과 망상에 시달리다 사망했다. 정신병 증상이 처음 나타난 것은 1788년이었는데 1810년에는 치매에 걸렸을 뿐만 아니라 완전히 미쳤다는 말을 들었다.

1960년대 중반 아이다 맥칼핀과 리처드 헌터라는 두 모자 의사가 역사자료를 토대로 조지 3세의 정신병에 대한 진단을 내렸다. 이들 모자 의사는 조지 3세가 광기를 일으킨 원인은 정신질환을 유발하는 유전적 혈액 병인 포르피린 증상 때문이었다고 주장했다. 포르피린 증상이란 발작과 정신장애를 일으키며 간질 증상을 동반하는 희소병이다.

이때 이후 조지 3세가 앓았다는 정신질환을 놓고 후속연구가 잇달아 발표됐다. 버밍험 대학의 정신과 의사 피모시 피터는 앞선 두

조지 3세 대관식 초상화, 1762년

모자 의사의 진단에 반박하면서 조제 3세의 광기는 포르피린 증상 때문이 아니라고 주장했다. 일부 증상만을 놓고 내린 잘못된 진단이라는 것이다. 피터 박사는 역사학자인 데이비드 윌킨슨 박사와 함께 방대한 관련 역사자료들을 조사한 후, 조지 3세의 광기는 조울증에 의한 정신착란 증상일 가능성이 더 크다고 발표했다.

먼저 조지 3세가 포리피린 증상을 앓았다는 주장의 핵심 근거는

'변색된 소변'을 비롯한 여섯 가지의 역사적 기록 때문이다. 참고로 포르피린 증상을 앓으면 소변의 색깔이 달라질 수 있지만, 변색 자체가 결정적 증거일 수는 없다고 한다.

티모시 피터는 기록을 자세히 검토한 결과 왕은 6주 동안 정상적으로 노란색 소변을 보았고 그 다음부터 푸른색의 소변을 보았다고 한다. 하지만 푸른색 소변을 보기 사흘 전부터 조지 3세는 소화를 돕기 위해 용담 추출 성분의 약을 먹었는데 이것이 소변의 탈색 현상을 일으켰을 수 있다는 것이다.

또 1788년 이후의 기록에는 조지 3세가 끊임없이 중얼거리면서 물리적으로 폭력을 행사하기도 하고 지속적인 발기 증상을 보이는 등 성적으로 무분별하며 외설적인 행동을 했다는 내용이 있다.

성적인 자극이 없이도 발기가 지속하는 증상은 정신착란이나 우울증을 앓고 있을 때 나타날 수 있는 증상이다. 하지만 포르피린 증상에서는 오히려 발기부전 현상이 나타난다고 한다.

조지 3세가 앓았다는 정신병 기록을 보면 정신이상 증상이 3~5개월 사이로 지속됐으며 우울증을 앓는 환자의 특성을 그대로 보였다고 한다. 증상이 만성적인 정신질환과 치매로 발전한 시기인 1810년과 1820년에는 조울증 증상이 나타났다.

피터 박사는 조지 3세의 증상은 왕이 스트레스를 심하게 받았던 기간과도 일치한다고 주장했다. 조지 3세가 완전히 미치기 전, 마지막으로 심하게 발작을 일으킨 1810년은 가장 사랑했던 막내딸인 아멜리아 공주가 사망한 해였다.

조지 3세는 일련의 물리적 질환도 앓고 있었다. 열병이 잦았고 복통과 가슴 통증도 호소했다. 맥칼핀과 헌터는 이런 증상 역시 포르피린 증상과 관련이 있다고 주장했지만, 물리적 통증은 조울증에 의한 정신질환을 앓고 있는 환자들에게도 일반적으로 나타난다고 한다. 약 70% 이상의 환자가 조지 3세처럼 소화 계통의 통증이나 복통과 같은 이상 증상을 호소한다는 것이다.

인플루엔자와 같은 감염 역시 정신질환으로 이어질 수 있다고 알려져 있다. 왕의 정신병 기록에는 초기 조지 3세 역시 감기를 앓을 때처럼 열에 시달렸고 구토증상이 있었다고 나온다. 물론 조지 3세가 강박신경증을 앓고 있었을 수도 있다. 왕이 쓴 편지를 보면 시간을 나타낼 때 분 단위까지 자세히 기록해 놓았다는 것이 증거가 될 수 있다. 강박신경증 역시 또 다른 형태의 조울증이며 미국 식민지를 유지하기 위해 보였던 조지 3세의 완강한 집착을 설명할 수 있는 대목이다.

포르피린 증상은 유전병이다. 조지 3세가 이 병을 앓았다면 그가 슬하에 남긴 15명의 자녀와 8명의 친척 중 적어도 일부는 포르피린 유전자를 갖고 있어야 한다. 누구라도 한 명쯤은 조지 3세와 같은 증상을 보이는 것이 정상이지만 이들이 포르피린 증상을 보였다는 사실은 알려진 바가 없다.

역사학자 중 일부는 스코틀랜드의 메리 여왕과 마가렛 공주를 비롯해 조지 3세 왕의 선조와 후손 중 일부가 포르피린 증상을 앓았다고 주장하는 사람도 있지만 확실하게 포르피린 증상이라고 입증된 것은 없다.

　결론적으로 말하자면 조지 3세가 앓았다는 정신병이 포르피린 증상이었던 것 같지는 않다. 지금까지 알려진 모든 자료를 재평가한 결과 맥칼핀과 헌터의 진단에는 결함이 적지 않게 발견됐을 뿐만 아니라 증상에 대한 고찰 역시 1960년대 초반의 정신질환에 대한 진단 수준을 벗어나지 못했다는 평가다.

　현대 의학적 관점에서는 조지 3세의 정신질환이 조울증일 가능성이 높은 것으로 본다. 그렇다고 조지 3세가 겪은 비극이 바뀌는 것은 아니지만 적어도 오늘날의 기준으로 보면 조지 3세를 미친 왕이라고 부를 이유는 없다.

조지 3세의 정신건강

왕의 정신건강과 관련해서는 방대한 양의 증거물이 남아 있다. 조지 3세의 여러 주치의가 기록한 의료기록만 최소 100권이 넘는다. 여기에는 프란시스 윌리스와 아들인 존과 로버트가 쓴 윌리스 가문의 '미친 왕'에 대한 기록도 포함된다. 엄청난 양의 편지와 일기에 실린 내용은 물론이고 정치인과 참모들이 언급한 내용 역시 왕의 질환을 판단하는데 일차적인 자료가 된다.

일부 역사학자들이 대영제국 도서관에서 이용 가능한 자료를 샅샅이 뒤졌다. 피터 박사는 왕이 미쳤다고 주장한 프란시스 윌리스와 그의 아들과 관련된 모든 자료를 샅샅이 조사해 진상을 밝혔다.

맥칼핀과 헌터의 논지

맥칼핀과 헌터는 정신질환은 기본적으로 육체적 질병에서 비롯된다고 믿었다. 이들은 정신질환을 미쳤다고 표현하면서 더럽고 부정적으로 인식했던 것 같다. 조지 3세가 앓았던 병을 '정신적인 질환'이 아니라고 내린 진단 역시 정신병에 관한 현대적 관점과는 배치되는 부분이 많다. 이들은 논문의 요약문에서 자신들의 연구로 인해 하노버 왕가에 미치광이 병이라는 더러운 유전병이 있다는 오명이 벗겨지게 됐다고 주장했다.

정신질환에 대한 이들의 부정적 인식은 훗날 동료 의사에게도 비난을 받았다. 1998년 로이 포터라는 의사는 한 의학 잡지에 이렇게 썼다.

"맥칼핀은 자신이 조지 3세가 치욕스러운 정신병을 앓고 있었다는 오명을 벗겨주었다고 생각했던 것 같다. 덕분에 조지 3세는 아주 깨끗하고 존경할 만한 유기농 질병을 앓았던 사람이 됐다."

영국은 한때
로마제국 영토였다?

    서기 43년 로마군단이 영국을 침공하면서 고대 영국에는 브리타니아라는 황금시대가 개막됐다. 로마제국의 보호 아래 영국에는 도시가 형성됐고 별장이 들어섰으며 영국인들은 마치 로마인들처럼 토가 차림으로 목욕탕과 체육관에서 하루를 보내게 됐다. 로마가 점령하기 이전에는 철기시대에 머물렀던 미개한 고대 영국과는 완전히 다른 환상적인 생활상이 펼쳐졌다.

    일각에서는 방금 묘사한 것처럼 문명화된 로마제국이 영국을 포함한 미개한 나라를 개화시켰을 것으로 생각하지만, 로마가 영국을 점령했던 400년 동안 영국은 한 번도 로마제국에 융화된 적이 없었다. 자신들이 로마제국의 시민이라고 생각한 영국인들도 없었다. 『로마화하지 않은 영국』이라는 책을 쓴 마일즈 러셀과 스튜어트

° 165 °

레이콕이 지적하는 것처럼 로마제국의 영국정복은 전략적 실패였다는 평가마저 받고 있다.

영국에 침공한 로마군단은 영국 북부를 정복하는 데 실패했다. 아일랜드는 아예 공격할 엄두조차 내지 못했다. 로마제국 관점에서 영국은 미개한 종족과 전투를 벌여야 하는 최전방 지역이었고 제국문명의 손길이 미치지 못하는 '황량한 서부'였다.

물론 로마가 점령했던 지역 중에는 로마의 문명이 꽃을 피웠던 부분도 있다. 지금까지 영국에 남아 있는 고고학적 유물에서 고대 영국에서도 찬란했던 로마제국의 유산을 엿볼 수 있다. 반면에 로마가 점령하기 이전 영국인들이 어떻게 살았는지를 알려줄 만한 유물은 남아 있는 것들이 거의 없다. 철기시대에 구축된 요새의 잔해가 전국 곳곳에 흩어져 있기는 하지만 완벽한 형태로 남은 구조물은 거의 없다. 고대 영국의 건축물들은 대부분 목재와 진흙으로 지어졌기 때문이다. 그뿐만 아니라 고대 영국의 문명과 관련해 남아 있는 문서 역시 주로 그리스인이나 로마인들이 남긴 기록들이다. 그러므로 이들은 고대 영국을 거의 원시에 가까운 낙후된 지역으로 묘사해 놓았다. 예컨대 기원전 1세기 후반을 살았던 그리스의 역사학자 디오도로스 시켈로스는 영국인들을 "단순하고 순진해서 현대인의 특징인 교활함과 영악함이라고는 찾아볼 수 없는 사람들"이라고 기록했다.

그러나 철기시대 후기의 영국은 그리스 로마사람들이 생각한 것처럼 그렇게 원시적이지는 않았을 것이다. 부족사회가 확대됐고 정착민들이 증가하면서 도시가 형성됐다. 기원전 2세기 무렵에는 영국과 유럽 사이에 무역이 활발했다는 증거도 있다.

로마제국이 쳐들어왔을 때 유럽의 다른 지역은 대부분 로마에 편입돼 로마화가 진행됐지만, 영국은 로마에 동화되지 않았다. 오히려 영국의 여러 부족은 로마군과 치열하게 싸우며 독립을 유지했다. 로마군이 도착했을 때 영국의 각 부족은 연합군을 만들어 로마에 저항했다.

로마군단이 영국에 상륙한 이후 30년 동안 이들은 영국 남부를 점진적으로 점령했다. 때로는 전쟁이라는 무력을 통해서 때로는 부족장과 협정을 맺는 방법으로 굴복시켰다. 부족장이 충성을 맹세하는 조건으로 부족장의 지위와 영토를 인정하는 방식이다.

그러나 서기 1세기 내내 로마는 영국 여러 부족의 반란에 시달렸다. 서기 60년, 영국 동부의 이세니 족이 부디카 족장의 지휘 아래 반란을 일으켰고 이들은 로마가 세운 도시인 콜체스터, 런던, 세인트 알반스를 파괴했다. 그 결과 로마군대가 철수하면서 영국에서의 로마통치에 종지부를 찍을 뻔한 적도 있었다.

부디카 족장과 충돌한 이후 신임 총독인 아그리콜라는 서기 77년부터 83년까지 점령지역을 넓히려고 노력했다. 그 결과 웨일스 지역과 북부 잉글랜드, 남부 스코틀랜드를 차지하기도 했다. 그렇지만 이후 약 100년에 걸쳐 로마군은 스코틀랜드와 기타 지역에서 끊임없는 반란에 시달려야 했고 결국에는 남쪽으로 후퇴해야만 했다. 그리하여 북부 잉글랜드에 하드리아누스 성벽을 쌓고는 250년 동안 그곳에 군대를 주둔시켰다.

결국, 로마군의 스코틀랜드 정복은 실패로 끝났고 로마군은 북부 잉글랜드에 장기간 병사를 주둔시켜야 했다. 지역의 부족 지도자들을 포섭하는 데도 실패해 로마가 영국을 점령한 기간 내내 북부지역은 로마에 골치 아픈 지역으로 남았다.

잉글랜드 북부와 서부, 그리고 웨일스 일부를 포함해 영국 대부분 지역에서는 철기시대 이래 고대 영국의 부족 공동체가 그대로 유지됐다. 사람들은 정착촌을 중심으로 로마군대가 침략해 오기 이전과 같은 생활방식을 유지했다. 잉글랜드 남부, 중부, 동부는 로마인들이 통치했지만, 북부를 포함한 다른 지역은 로마의 점령이 거의 영향을 미치지 못했다. 로마인들이 건설한 도시와 별장지대, 군사 요새를 한 걸음만 벗어나도 고대 영국의 전통과 생활방식이 그대로 남아 있었다.

로마인들은 점령지에서도 이상적이며 전형적인 도시 생활을 즐길 수 있도록 '시비타스'라고 부르는 공동체 마을을 건설했다. 이곳에다 시장과 예배당, 목욕탕, 극장을 완벽하게 갖춰놓았다. 그러나 로마가 점령했던 다른 지역과 달리 영국에는 이런 로마식 도시 자체도 적었을 뿐만 아니라 겉모습은 로마식의 건축물과 시장 등으로 이뤄졌지만 도시의 운영은 원주민 지도자들을 중심으로 이뤄졌다. 그 때문에 로마가 건설한 도시라기보다는 철기시대 후기에 영국에 있었던 마을 공동체의 연속 선상에서 발전한 도시라는 성격이 더 강했다.

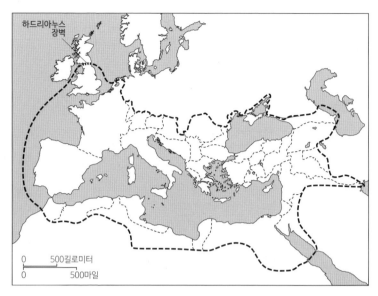

점선이 전성기 때 로마제국의 영토

　로마당국은 도시의 원주민 지도자들을 회유했다. 그리하여 지
도자와 부자들은 로마의 예술과 문화에 빠졌고 로마식으로 생활했
다. 하지만 그뿐이었다. 타키투스는 그의 장인 아그리콜라가 "마을
예배당을 짓는데 개인적인 후원은 물론 공식적인 지원을 했고 부족
장들이 로마식으로 자녀들을 교육할 수 있도록 후원했지만, 보통의
마을 주민들은 로마의 영향을 거의 받지 않았다"라고 기록했다.

　도시 외곽의 로마식 별장에도 로마 문화가 잘 반영돼 있다. 하
지만 영국에서 발굴된 많은 로마의 유적지 중에서 로마식으로 지어
진 별장은 모라가 점령했던 기간 지어진 전체 건축물의 2%에 지나

지 않는다.

잉글랜드와 웨일스의 농촌에서는 작물을 생산하는 방식이나 집과 생활방식 모두 본질에서 로마가 쳐들어오기 이전과 비교해 거의 변하지 않았다. 고대 영국인 선조들이 살았던 방식과 크게 달라진 것이 없었는데 인구의 절대다수를 차지했던 농촌 주민들은 로마의 영향을 거의 받지 않았다.

로마가 영국에서 물러난 이후 영국은 다른 어떤 지역보다도 빠르게 로마의 영향력이 사라졌다. 일부 유럽지역에서는 로마제국이 멸망한 이후에도 로마 언어인 라틴어의 잔재가 그대로 남았다. 하지만 영어는 조상인 앵글로 색슨의 언어였던 서부 독일어의 형식을 그대로 유지했다.

로마제국이 비록 영국을 장기간 점령했지만, 영국인들은 부족의 특성을 그대로 지켰다. 그리하여 브리타니아는 로마에 점령당했지만, 저항이 극심한 문제 지역으로 주목받았을 뿐 충성스러운 로마제국의 일원이 되지는 않았다. 로마제국 역시 멀리 떨어진 오지에 있는 영국을 제국의 일원으로 끌어안으려는 노력을 크게 기울이지도 않았다.

로마 시대의 도로

최근의 고고학 발굴 결과를 보면 로마가 영국을 점령하기 이전에도 영국의 부족들은 로마 못지않은 도로설계 기술과 건설능력을 갖추고 있었던 것으로 짐작된다. 잉글랜드 중서부 슈롭셔 지역 유적에서 철기시대 도로의 흔적을 엿볼 수 있는데 공학적으로 효과적으로 설계됐을 뿐만 아니라 도로 표면에는 목재와 토사, 자갈 등을 쌓아서 건설했다. 고고학자들은 철기시대의 도로는 구릉지에 있는 요새와 요새 사이를 이어주는 역할을 했는데 최대 길이가 64km까지 이른 것으로 추정하고 있다. 고대 영국의 철기시대에 건설된 도로는 로마가 점령한 이후에도 활용됐는데 로마 점령 시기에 건설된 일부 도로는 고대 영국인들이 닦은 도로 바로 위에다 도로를 덧씌우는 방법으로 건설했다.

반란군

2세기 말까지 많은 영국인들이 로마군에 징집됐다. 하지만 이로 인해 로마군은 약 두 세기에 걸쳐 반란에 시달렸다. 3세기 무렵에는 과도한 세금으로 인해 원주민 출신들의 불만이 쌓였고 4세기 말에는 로마군에서 빠져나왔다. 전통적 관점으로는 앵글로 색슨족이 영국 내 로마문화에 종지부를 찍은 것으로 알고 있다. 하지만 앵글로 색슨이 영국에 정착한 것은 로마가 붕괴한 지 한참 지난 후였다.

가톨릭교회가
갈릴레오를 고문했다?

갈릴레오 갈릴레이는 지구가 태양을 중심으로 공전한다는 지동설을 주장했다. 당시 지구가 중심이라고 믿었던 로마 가톨릭교회에서는 이 때문에 과학자 갈릴레오 갈릴레이를 이단으로 규정하고 유죄를 선고했다.

가톨릭교회에서는 지동설에 대한 믿음을 꺾지 않는 갈릴레오를 단죄하기 위해 늙은 갈릴레오를 어두운 감방에 가두고 고문을 했으며 갈릴레오는 마지막에 억지로 유죄를 인정하면서도 "그래도 지구는 돈다."라고 중얼거린 것으로 알려져 있다. '갈릴레오 사건'은 과학적 이성과 종교적 맹신 사이의 갈등, 그리고 중세 가톨릭교회가 저지른 압제의 전형적인 사례로 자주 인용된다.

그러나 사실은 알려진 것과는 다른 부분이 많다. 가톨릭교회가 주도적으로 갈릴레오를 탄압한 것으로 알고 있지만, 갈릴레오를 고발한 배후에는 경쟁자였던 동료 과학자들이 있었다. 그것도 갈릴레오를 시기하고 질투해서라기보다는 주로 갈릴레오로부터 무시당하고 욕을 먹었던 사람들이었다.

지동설 관련 내용이 실려 있는 『프톨레마이오스와 코페르니쿠스의 양대 세계 체제에 관한 대화』(약칭 대화)를 출판하기 전부터 갈릴레오는 당시 천동설을 믿는 과학자들을 과거의 학설을 무조건 따르는 멍청이들이라고 모욕하고 비판했다.

그 때문에 갈릴레오에게 멍청이라는 소리를 들었던 많은 과학자가 갈릴레오를 망신시키려고 별렀다. 이들은 책이 출판되자 교황 우르반 8세에게 갈릴레오가 책에서 천체의 운동에 관한 교황의 견해를 조롱했다고 주장했다.

그리하여 1633년 갈릴레오는 이단 혐의로 법정에 서게 됐다. 주요 쟁점은 1616년 벨라르미네 추기경이 갈릴레오에게 내린 지시, 즉 지동설을 주장하지도 말고 가르치지도 말라는 명령을 어겼다는 것이었다. 이에 대해 갈릴레오는 자신은 아예 그런 경고를 받은 적조차 없다고 주장했다. 자신이 추기경에게서 들은 말은 단지 지구가 움직인다는 주장을 옹호하지 말라는 사적인 주의를 들었을 뿐이라고 했다. 갈릴레오는 그가 출판한 『대화』에서도 천동설과 지동설의 두 주장을 동시에 게재했기 때문에 지동설을 일방적으로 주장하지 말라는 추기경의 주의를 어긴 것이 아니라고 강조했다.

그러면서 갈릴레오는 『대화』에 실려 있는 내용이 지동설을 옹호

로마 종교재판에 직면한 갈릴레오, 크리스티아누 반티(1857년)

한다는 인상을 줄 수도 있다는 점을 인정하면서 이 부분에 대해서는 감형을 요청했다. 그러므로 법정은 지동설을 찬성하지 말라는 추기경의 경고를 위반한 혐의에 대해서는 중형을 선고하지 않았다. 그 결과 법정은 비교적 가벼운 '이단' 혐의로 기소됐고 처벌 역시 심하지 않았다. 『대화』의 출판금지와 공식적으로 지동설 주장을 철회하라는 평결이 내려졌을 뿐이다.

　당시 가톨릭교회에서는 교황 우르반 8세가 갈릴레오 사건을 본보기로 삼으려고 했기 때문에 유죄판결을 받기까지의 과정이 상세하게 알려졌다. 현존하는 기록을 보면 갈릴레오가 철저하게 조사를 받았던 것은 사실이다. 로마에서 진행됐던 종교재판에서도 구금상태로 갇힌 상태에서 재판을 받았다. 그렇지만 심문을 받으면서 고문을 받았다는 언급이나 증거는 하나도 없다. 일반적으로 당시에 '철저한 조사를 받았다'라고 하면 고문을 받았다는 뜻이었지만 갈릴레오는 그저 갇혀 지냈을 뿐이다.

갈릴레오가 갇혀있었다고 하니까 보통은 일반 죄수들이 갇혀있는 당시의 어둡고 지저분한 감방에서 지냈을 것으로 생각하지만 18세기와 19세기에 발굴된 자료에 의하면 갈릴레이가 갇혀있었던 곳은 그런 장소가 아니었다. 1633년 6월의 단 사흘 동안을 제외하고는 모두 저택에 자택연금 상태로 머물러 있었다. 그것도 일반 주택이 아닌 대저택으로 5개월 동안은 절친한 친구인 시에나 대주교의 자택에서 지냈다. 그 후에는 자택연금 상태로 피렌체 근교의 자신의 별장에서 지내다 1642년에 사망했다.

19세기 말 종교재판과 관련해 출판된 각종 기록물을 보더라도 갈릴레오가 고문을 받았을 가능성은 거의 없다. 당시 로마에서는 종교심판관들이 피의자를 고문하는 경우가 거의 없었을 뿐만 아니라 노인과 환자는 고문을 금지했기 때문이다. 더군다나 당시 갈릴레오는 예순아홉 살로 관절염과 탈장 증세마저 있었다.

또 고문하려면 엄격했던 종교재판의 규정에 따라 고문 여부를 먼저 표결로 결정해야 했는데 표결이 있었다는 기록도 발견된 것이 없다. 만약 육체적으로 고문을 당했다면 갈릴레오는 고문 후의 재판에 제대로 참석하지 못했을 것이다. 당시 고문은 주로 팔을 등 뒤로 결박해서 천장에 매달아 놓는 형태였다. 이 경우 반드시 어깨 부위에 탈골 현상이 일어난다. 하지만 갈릴레오는 정상적으로 재판에 참석했기 때문에 육체적 고문은 없었을 것이다. 따라서 갈릴레오에게 일어날 수 있는 최악의 상황은 고문당할 수도 있다는 협박 정도였을 것이다.

무엇보다도 갈릴레오는 종교적인 인물이었다. 비록 자신의 과학적 견해를 놓고 논쟁이 벌어지기는 했지만, 과학과 종교가 배치되는 것이 아니라 서로 조화를 이룰 수 있다고 믿었던 사람이었다.

결론적으로 갈릴레오는 가톨릭교회에 의해 처형당한 것이 아니었다. 갈릴레오의 명예를 깎아내리는데 열심이었던 동료 과학자들에게 희생당했을 뿐이었다. 가톨릭교회로부터 유죄판결을 받기는 했지만 남은 인생을 어두운 감방에서 갇혀 지냈던 것도 아니었다. 가택연금 상태로 교외에 있는 자신의 별장에서 지내면서 편하게 생활했다. 그리고 그곳에서 갈릴레오는 자신의 남긴 걸작,『두 개의 새로운 과학에 관한 증명』을 집필하며 남은 일생을 보냈다.

갈릴레오의 『대화』

1632년에 발표된『프톨레마이오스와 코페르니쿠스의 양대 세계 체제에 관한 대화』는 우주 질서에 관한 두 가지 상반되는 논쟁을 다룬 책이다. 하나는 당시의 유럽인들이 믿었던 천동설, 즉 지구가 우주의 중심이라는 아리스토텔레스적 관점과 지동설, 다시 말해 태양이 우주의 중심이라는 코페르니쿠스적 관점을 다룬 책이다. 갈릴레오의『대화』에서 궁극적으로는 코페르니쿠스적 관점이 토론에서 승리한다.

『대화』가 출판되면서 이탈리아에서는 격렬한 논쟁이 일어난다. 가톨릭교회에서는 지동설이 성경에 배치된다고 주장했지만, 갈릴레오는 절대 그렇지 않다고 강조했다. 갈릴레오 자신은 독실한 가톨릭 신자였으며 과학과 종교는 조화를 이룰 수 있다고 믿었던 인물이다.

갈릴레오는『대화』를 출판하기에 앞서 여러 명의 추기경과 친구 사이로 지냈다. 그중에는 후일 교황으로 자신을 재판한 우르반 8세도 있었다.

갈릴레오가 1613년에 출판했던『태양 흑점에 관한 서한』은 교황 바오로 3세에게 헌정된 책이었다. 1632년 전까지만 해도 교회는 갈릴레오의 과학적 주장을 대부분 인정했었다. 아리스토텔레스의 우주론에 빠져서 갈릴레오를 반대했던 것은 당시의 가톨릭교회가 아니라 학문의 전당이라는 대학들이었다.

망원경

망원경은 보통 갈릴레오 갈릴레이가 처음으로 발명했다고 말한다. 그러나 관점에 따라서는 최초 발명자라는 주인공이 달라질 수도 있다. 갈릴레오 이외에 최초의 망원경 발명자라고 할 수 있는 유력한 후보는 네덜란드의 안경 제조업자 한스 리퍼세이다. 그는 1608년 한 개의 원통에 있는 두 개의 유리를 이용해 먼 곳에 있는 물체를 확대해서 볼 수 있는 장치를 만들었다. 그에 앞서서는 영국의 수학자이며 천문학자인 토마스 딕스의 아버지인 레오나드 딕스가 최초로 반사 굴절 망원경을 발명했다. 1515년 혹은 1559년 무렵이었다. 그러나 그의 발명품을 정치적인 이유로 활용되지 못했다고 한다.

갈릴레오는 리퍼세이의 망원경 모델을 개량해 사물을 세 배까지 확대할 수 있는 망원경을 만들었다. 그리고 이후 30배까지 사물을 확대해 볼 수 있도록 개량했다. 그렇지만 갈릴레오는 리퍼세이의 모델을 실제로 보지는 못했다.

먼 곳의 물체를 볼 수 있는 강력한 망원경을 이용해 갈릴레오는 목성을 관측했고 목성 궤도를 도는 네 개의 위성을 발견하는 등 천체에 관한 혁명적 이론을 발전시켰다. 그리고 우주에 관한 기존의 지질학적 가설들이 틀렸음을 증명했다.

블러디 메리는
기독교를 박해했다?

블러디 메리(Bloody Mary)라는 별명으로 더 많이 알려진 메리 1세 여왕은 영국에 가톨릭을 부활시키려고 수백 명의 신교도를 무자비하게 화형 시켰던 종교 박해자로 기억된다. 물론 메리 1세가 290명의 신교도를 처형한 것은 사실이다. 그것도 1553년부터 불과 5년 남짓의 재임 동안에 죽인 숫자이니 결코 적다고는 말할 수 없다. 하지만 당시의 시대적 상황을 놓고 보면 결코 엄청나게 많은 숫자라고 할 수도 없다. 여동생인 엘리자베스 1세 여왕 역시 메리 여왕이 신교도를 처형한 것만큼이나 많은 숫자의 구교도인 가톨릭 교인들을 불태워 죽였고 아버지 헨리 8세 역시 재임 기간 중, 특히 종교적 격변기였던 1530년대에 수천 명의 가톨릭교도를 처형했다.

　역사상 사람들이 가장 많이 오해하고 있고 터무니없이 욕을 먹

메리 1세 초상화, 한스 에어스

는 왕 중의 한 명이 메리 1세 여왕이라고 할 수 있다. 지나치게 가톨
릭에 빠져 지냈던 의지박약의 인물이라는 평가를 받았고 그녀가 나
라를 다스렸던 짧은 재임 기간은 언제나 영국의 황금 시기를 구가
했던 엘리자베스 1세 여왕 시대와 비교당했다.

영국 역사상 최초의 여왕이었던 메리 1세는 지나치게 감정적이
며 욕망으로 가득 찬 '여성적'인 인물로 알려진 것에 반해 엘리자베
스 1세는 몸은 비록 연약한 여자의 모습이지만 마음은 제왕의 심장

과 배짱을 지닌 '남성적'인 인물로 그려졌다.

메리 1세 여왕은 어머니가 아라곤의 캐서린으로 스페인 혈통인데다 결혼마저 스페인 국왕 필리페 2세와 했기 때문에 철저한 가톨릭교회에 속하는 인물로 인식됐다. 이로 인해 영국 국민은 메리 1세가 하는 모든 일에 대해 깊은 의구심을 품었다.

아이를 간절하게 원했지만, 임신하지 못했던 것도 메리 1세가 불행하게 지냈던 원인 중의 하나가 됐다. 아이가 없었기 때문에 통치 기간 내내 후계 문제로 인해 어두운 그늘이 드리워졌고 결혼생활도 원만하지 못했다. 메리 1세 여왕이 아이를 간절히 원했던 이유 중의 하나는 배다른 동생이며, 그토록 미워했던 신교도인 엘리자베스 1세에게 왕위 자리를 물려주지 않기 위해서였다. 하지만 결국에는 엘리자베스 1세가 메리 여왕의 뒤를 잇는다.

메리 1세의 재임 기간에 영국은 프랑스와의 전쟁에서 영국 영토였던 칼레를 잃는다. 영국으로서는 국가적 치욕을 당한 셈이다. 반면 엘리자베스 1세는 스페인의 무적함대를 물리치면서 대영제국 영광의 시대를 맞는다.

메리 1세가 1553년 처음 여왕이 됐을 때 영국 국민은 노래와 설교와 시를 통해 용감하고 투쟁적인 여왕의 탄생을 찬양했다. 정치적 음모를 물리치고 왕위를 계승하면서 결단력과 불굴의 의지를 보여주었기 때문이다. 훗날 의지박약한 모습과는 달리 병력을 모아 세력을 결집하면서 결국 추밀원은 첫 번째 왕위 계승자로 지목됐던 레이디 제인 그레이를 버리고 매리를 여왕으로 인정했다.

메리는 여왕이 된 후 스페인의 필리페 2세와 혼인을 추진한다. 그러자 가톨릭교도인 스페인 왕자와의 결혼을 반대해 토마스 와이어트 등이 반란을 일으킨다. 메리 1세는 이때 웅변으로 런던주민을 설득해 와이어트와 반란군의 런던진입을 봉쇄하고 마침내 반란군을 진압했다. 하지만 스페인 왕자와의 결혼으로 그녀가 결국에는 영국을 스페인에 넘길 것이라는 소문이 돌면서 나라가 어지러워지자 메리 여왕은 자신은 국가와 먼저 결혼했다고 선언하며 소문을 진정시켰다.

1554년 7월 여왕의 결혼식 절차가 진행되는 동안 메리 1세는 가톨릭의 부활을 반대한 인물들에게 보였던 온건적인 태도를 바꿨다. 영국에 가톨릭 교회법을 도입하겠다는 구상을 밝히면서 반대자들을 압박하기 시작했다. 그리고 그해 가을 15세기 때의 이단 처벌법을 부활시켰다. 이단으로 규정되면 화형으로 처벌하는 법이다. 그리고 교황의 권위에 반대했던 아버지 헨리 8세가 제정했던 모든 법령을 폐지했다. 그리하여 당시 유명했던 역사학자 존 폭시를 포함한 약 800명의 신교도가 국외로 망명했다. 반면 영국에 남아 자신들의 종교를 고집했던 사람들은 이단 처벌법에 따라 처형됐다. 이들의 처형은 1555년 2월, 4명의 성직자에 대한 처벌로 시작됐다. 그 뒤를 이어 휴즈 라티머와 니콜라스 리들리 주교가 화형당했고 캔터베리 대주교 토마스 크랜머도 화형당했다. 토마스 크랜머는 신교도인 프로테스탄트 신학을 철회하고 거부한다고 선언했음에도 불구하고 사형이 선고됐다. 계속해서 캔터베리 대주교인 레지날드

폴 추기경을 비롯한 다수가 화형을 당했는데 주로 신교도가 널리 퍼진 영국 동부와 남부에서 처형이 집중됐다.

일반적으로는 이런 처형이 희생자를 신교도 순교자로 미화하면서 가톨릭교회와 메리 여왕에 대한 국민의 반발을 초래한 것으로 알려져 있다. 하지만 이몬 더피가 그의 저서 『믿음의 불꽃』에서 지적한 것처럼 화형은 대중들로부터 큰 반발을 사지는 않았다. 국민이 메리 1세에게 분노했던 가장 큰 원인은 스페인 왕가와의 결혼이었다. 그녀의 친 스페인 정책과 함께 프랑스와의 전쟁으로 프랑스 군대가 칼레를 점령하면서 1558년 1월, 영국은 유럽에 남겨진 유일한 영토를 잃게 됐다. 이와 더불어 메리 1세의 통치 기간 전국이 냉해를 입으면서 흉년이 들었고 내각의 대책에도 불구하고 대규모 기근이 발생했다.

메리 1세의 통치와 신교도 처형은 물론 서로 떼어서 생각할 수 없다. 하지만 1550년대 네덜란드에서도 수천 명의 신교도가 목숨을 잃었고 프랑스에서는 더 많은 신교도가 불에 타 죽었다. 그 절정은 1572년의 성 바르톨로메오 축일의 대학살로 5,000명에서 1만 명이 살해당했다.

역사적으로 메리 1세의 신교도 처형을 강조하다 보니 국왕으로서 그녀의 업적을 간과하는 경향도 없지 않다. 메리 1세는 아버지인 헨리 8세 때 거의 파산지경에 이르렀던 국가 재정을 되살렸으며 주화 제도를 개선했고 의회를 장악했다. 무엇보다 역사상 첫 번째 영국 및 아일랜드 여왕으로서 왕위를 지켜냈다. 그리하여 튜더 왕가의 왕위 계승을 이어나갔다.

　메리 1세의 가장 큰 불행은 42살의 젊은 나이에 사망했다는 것과 왕위를 이을 자식이 없었다는 점이다. 만약 메리 1세가 더 오래 살아서 영국을 가톨릭 국가로 재건할 수 있었다면 국가의 종교를 지킨 용감한 수호자로 찬양받았을 수도 있다. 하지만 이후의 역사는 신교도들이 썼다. 그리하여 메리 1세는 신교도를 처형한 무자비한 인물로 그려졌다. 이렇게 왜곡된 이미지가 지금까지도 그대로 전해져 내려오고 있다.

메리 1세의 이미지 왜곡은 엘리자베스 1세가 여왕으로 즉위하면서 비롯됐다. 그리고 17세기 전기를 맞게 되는데 신교도들이 영국 역사상 가톨릭 통치의 위기를 고조시켰던 가장 대표적인 인물로 메리 1세를 꼽으면서 그녀를 피로 더럽혀진 메리, 즉 '블러디 메리'라고 부르기 시작했다.

잔혹한 폭군이라는 메리 1세의 이미지는 주로 가톨릭의 박해를 피해 망명했던 존 녹스와 존 폭시가 쓴 책이 출판되면서 형성됐다. 녹스는 1558년에 출판된 『가공할 여성 통치에 저항한 첫 번째 승리의 트럼펫』이라는 책에서 메리 1세를 공격하면서 그녀를 '괴물 같은 아마존의 여전사'로 표현했다. 그리고 존 폭시는 1563년에 발행한 『순교자의 저서』에서 메리 1세 때문에 죽은 희생자들의 삶과 죽음을 섬뜩할 정도로 자세하게 그리고 동정적으로 묘사했다. 이 책은 베스트셀러가 되면서 성경에 버금갈 정도로 많이 읽혔다. 작가인 로저 로키어는 이에 대해 『튜더와 스튜어트 왕가의 영국 1471~1714』에서 이렇게 적었다.

"메리 1세는 영국 신교도 교회에 순교자의 지위를 부여했다. 폭시를 비롯한 신교도들은 자신들의 행동이 후손에게 귀감이 될 것이라고 확신했다"

성 패트릭은
아일랜드 출신이다?

    3월 17일은 성 패트릭의 날이다. 서구의 많은 사람들이 이날이 되면 초록색 복장과 장식을 하고 아일랜드의 축제를 즐긴다. 성 패트릭은 대표적인 아일랜드의 성직자였기 때문에 많은 사람이 그를 아일랜드 사람일 것으로 생각하지만 사실은 영국 출신이다. 성 패트릭의 본명은 메윈 수카트였으며 열여섯 살이 될 때까지는 아일랜드에 가보지도 못했다.

    성 패트릭의 일생에 대해서는 그가 직접 쓴 것으로 추정되는 두 통의 라틴어 문서에 잘 나와 있다. 성 패트릭은 『고백』에서 자신은 서기 387년 로마 지배하의 영국 바나벰 타부르니라는 곳에서 태어났다고 밝혔다. 이곳은 지금의 영국 지도에는 나오지 않는 지명으로 대략 스코틀랜드와 웨일스 사이의 어느 지점이었을 것으로 짐작

한다.

패트릭은 자신이 열여섯 살이 됐을 때 해적들에게 사로잡혀 아일랜드에 노예로 끌려갔다고 했다. 그곳에서 약 여섯 해 동안 양을 기르고 돼지를 돌보며 지냈는데 정확한 지명은 기억나지 않는다고 적었다. 하지만 아일랜드의 마요나, 안트림 지역 어딘가에서 살았던 것으로 추정한다. 패트릭에게 독실한 신앙심이 생긴 것도 이 무렵으로 그는 이곳에서 하루 대부분을 기도하며 지냈다고 적었다.

낯선 곳으로 끌려와 세월을 보냈던 패트릭은 마침내 해적들로부터 탈출하는 데 성공한다. 보트를 훔쳐 탄 후 배를 저어 영국에 도착했고 부모님과도 다시 만났다. 그리고 영국에서 교육을 받았고 사제로서 훈련을 쌓았다.

그러나 패트릭은 432년 다시 아일랜드로 돌아왔다. 꿈속에서 "젊은이여, 그대를 용서하노라. 이제는 다시 돌아와 우리와 함께하라"라는 목소리를 들었기 때문이라고 『고백』에 그 이유를 적었다. 패트릭은 자신을 부르는 소리에 응답했고 아일랜드의 제2대 주교가 되어 활동했다. 이때부터 매원 수카트라는 이름의 영국 청년은 본명을 버리고 대신 패트릭이라는 이름으로 활약하면서 아일랜드 사람들에게 세례를 주고, 이교도를 개종시키면서 하느님의 복음을 전파했다.

하지만 많은 사람이 알고 있는 것처럼 성 패트릭이 아일랜드에 기독교를 최초로 전파한 인물은 아니다. 패트릭이 아일랜드에 오기 전부터 이미 그곳에는 기독교가 널리 퍼져있었다. 아일랜드는 로마제국과 교역이 활발했던 지역이었던 만큼 어떤 경로를 통해서든 기독교가 진작에 전해져 있었을 것이다. 실제 5세기 무렵, 성 켈레스티누스 1세 교황이 팔라디우스 주교를 처음으로 아일랜드에 파견했는데 초대 주교였던 그도 아일랜드에 도착하자마자 현지 기독교 공동체를 주관했던 기존 성직자들의 도움을 받았다고 한다. 기독교가 이미 뿌리를 내리고 있었다는 증거다.

성 패트릭은 아일랜드 주교로 활동하면서 강도를 당하기도 했고 구속되기도 했으며 공금을 횡령했다는 누명을 쓰고 기소된 적도 있다. 이렇게 파란만장한 세월을 보냈다. 461년 3월 17일 생을 마감했다. (493년 사망했다는 설도 있다)

그가 사망한 후 성 패트릭에 대한 전설은 거의 잊혔다. 그러다 12세기 무렵 아일랜드 전체에 기독교가 널리 퍼지면서 그와 관련된 전설이 조금씩 알려지고 퍼졌다. 기독교를 믿게 된 아일랜드 사람들이 자국 출신의 성인에 대한 존경심을 표시하면서 성 패트릭은 아일랜드를 대표하는 성인으로 추앙받기 시작했다.

그렇지만 성 패트릭의 날을 기념하는 축제는 수 세기 동안 아일랜드 사람들만의 기념일에 지나지 않았다. 그러다 아일랜드 출신들이 세계 곳곳으로 이민을 가면서 성 패트릭의 날도 확산했는데 특히 미국에 이민 온 아일랜드 출신들이 조국의 뿌리를 찾아 성 패트릭 축제를 기념하게 되면서 이제는 아일랜드와 미국을 넘어 세계 곳곳에서 축제일로 알려지게 됐다.

미국에서 성 패트릭의 날을 기념하는 시가행진은 아일랜드 출

아일랜드 슬로건 "Erin go bragh"(Ireland Forever) 가 적힌
1909년 성 패트릭의 날 엽서

신의 독립전쟁 참전 군인들이 처음 시작했다고 한다. 그러다 지금
은 3월 17일이 되면 미국은 물론이고 캐나다, 오스트레일리아를 비
롯한 여러 곳에서 시가행진을 한다.

1970년대까지만 해도 성 패트릭의 날이 되면 아일랜드에서는 축일을 경건하게 기념하기 위해 모든 술집이 문을 닫았다. 그러나 지금은 성 패트릭의 날이 철저하게 상업화되면서 수만 명의 관광객이 아일랜드의 수도 더블린으로 몰려든다.

성 패트릭의 날에 대한 진실은 이렇게 알려진 상식과는 다른 부분이 있다. 성 패트릭은 아일랜드 출신이 아니었으며 아일랜드에 최초로 기독교를 전파한 인물도 아니었다. 그러나 "성 패트릭의 날에는 누구나가 아일랜드 사람이다"라는 말처럼 지금은 많은 사람이 기억하는 인물이 됐다.

성 패트릭과 뱀

아일랜드에는 뱀이 없다. 성 패트릭이 모조리 바다로 쫓아버렸기 때문이라는 것이다. 사순절 기간에 뱀이 성 패트릭을 물려고 했던 것에 대한 벌칙이었다고 한다.

옥스퍼드 사전에는 "성 패트릭이 언덕에 서서…. 추종자들에게 저 미끄러지듯 기어 다니는 생명체를 바다로 내몰아 영원히 쫓아내라"라고 했다고 나온다.

물론 전설이고 신화다. 사실은 성 패트릭이 뱀을 쫓아내기 훨씬 이전에도 아일랜드에는 뱀이 살지 않았다. 마지막 빙하기가 끝난 1만 년 전, 북유럽과 서유럽으로 뱀이 돌아왔다. 그렇지만 아일랜드는 사방이 바다로 둘러싸여 있으므로 뱀이 상륙하지 못했다. 실제 아일랜드를 비롯해 그린란드, 아이슬란드, 뉴질랜드, 남극 등 지구상의 몇몇 지역에는 뱀이 전혀 살지 않는다.

성 패트릭이 뱀을 쫓아냈다는 신화를 실제 뱀이 살지 않기 때문에 만들어진 이야기이기도 하지만 동시에 상징성도 있다. 뱀은 악을 상징하는데 성 패트릭이 바다로 뱀을 쫓아냈다는 것은 그가 아일랜드에서 악을 제거했다는 말이다. 다시 말해 이교도를 몰아냈다는 사실을 의미한다.

검투사는
죽을 때까지 싸웠다?

　　고대 로마시민들은 일 년 중 대부분을 원형극장 꼭대기에 앉아서 아래 경기장에서 검투사들이 목숨 걸고 벌이는 피비린내 나는 사투를 감상하며 보냈을 것으로 생각한다. 치열한 싸움 끝에 쓰러진 검투사의 모습에서, 사자와 같은 이국적인 동물의 공격을 받아 피를 흘리며 죽어가는 검투사의 모습을 보며 열광했을 것이라고 상상한다. 죽음의 유희를 즐겼을 것이라는 로마인들에 대한 잔인한 이미지는 오늘날까지도 변하지 않고 남아 있다.

　　그러나 로마 시대 검투사 시합은 일반적인 상식과는 전혀 달랐다. 결사적으로 시합을 벌였지만 그렇다고 상대편을 죽이는 것이 목적은 아니었다. 사실 우리가 알고 있는 검투사 경기는 영화가 만들어 낸 상상력의 결과다. 그것도 주로 스파르타쿠스(1960년), 글래

디에이터(2000년)와 같은 할리우드의 블록버스터 영화가 만든 이미지다.

실제로 검투사 경기가 어떻게 진행됐는지는 자세하게 알지 못한다. 전해지는 자료가 거의 없기 때문이다. 로마 시대의 각종 기록이나 문헌, 동시대의 모자이크와 그림 등에 단편적으로 실려 있는 정보를 통해 검투사 시합을 추측할 뿐이다. 그렇다 보니 역사적인 배경을 주제로 만든 영화들이 제공하는 장면들이 풍부한 상상력을 자극하면서 실제처럼 보이는 생생한 이미지를 창조해냈다.

로마의 검투사 경기는 장례의식에서 비롯됐다고 한다. 고대 로마의 에트루리아 장례식에서 발달한 시합인데 경기가 벌어지면 검투사들은 실제로 결투를 벌이며 죽을 때까지 싸웠고 이때 죽는 자는 피의 제물로 바쳐졌다.

무네라(Monera)라고 불렸던 검투사 경기는 기원전 216년, 마르쿠스 레피두스라는 사람의 아들들이 사망한 아버지의 영광을 기리기 위해 로마에서 검투사 시합을 연 것이 처음인 것으로 추정된다. 기원전 46년의 줄리어스 시저도 비슷한 방식으로 아버지의 죽음을 기리기 위해 8년 전 어린 나이로 죽은 딸 줄리아의 무덤 앞에서 검투사 경기인 무네라를 열었다. 이 경기에서는 시저의 병사를 포함해 다수의 검투사가 경기의 결과로 사망했다. 또 이 시합에서 로마에 처음으로 기린이 선을 보이는 등 다양한 행사가 열렸다고 전해진다.

이후 무네라는 점차 장례의식과는 분리돼 엘리트 귀족과 부자들이 대중들에게 특권을 과시하는 스포츠 경기로 발전했다. 서기 98년부터 117년까지 트라야누스 황제 시대에는 전쟁의 승리를 기념하기 위해 모두 5,000명의 검투사가 동원된 시합이 열린 적도 있다. 2세기 말, 카르타고의 신학자 테르툴리아누스는 '구경거리'라는 글에서 "검투사 시합이라는 대중들의 오락이 과거에는 죽은 사람에게 영광을 바치는 신성한 의식이었지만 지금은 살아있는 부자와 특권층을 찬양하는 행사로 전락해 버렸다."라고 비판했다.

장례행사인 무네라에서는 검투사가 죽을 때까지 싸웠던 반면 대중들에게 오락을 제공하는 스포츠 행사인 검투사 경기로 바뀌면서 검투사들은 다시는 죽을 때까지 결투할 필요가 없어졌다.

보통 검투사 경기에는 정해진 절차가 있었다. 먼저 오전에는 동물들의 싸움이나 사냥으로 행사가 시작됐다. 이때는 검투사들이 아니라 베스티아리라는 죄수나 베나토레스라는 전문적인 동물 사냥꾼들이 참여했다. 오후가 되면서 보다 다양한 볼거리들이 제공됐는데 죄수를 처형하거나 격투 연기가 진행됐다. 그리고 마지막으로 검투사 시합이 벌어졌다.

검투사 경기에는 시합을 후원하는 스폰서가 있었다. 그리고 대부분 경기에는 심판으로 주심과 부심이 있었다. 검투사 경기를 묘사해 놓은 로마 시대 모자이크에 그 증거가 그려져 있다. 심판들은 경기의 진행을 이끌었을 뿐만 아니라 시합에 진 검투사의 운명을 좌우할 스폰서의 판정을 집행했다. 패배한 검투사의 운명은 주로 관중들의 반응에 따라 결정됐다. 관중들의 반응을 보고 스폰서가 최종 판정을 내리면 심판이 그 판정을 집행하는 방식이다.

검투사 경기의 규칙과 관련된 세부사항은 지금 기록으로 남아 있지 않지만, 심판이 존재했다는 사실은 시합이 체계적으로 조직됐고 경기가 복잡한 규칙에 따라 진행됐음을 짐작게 해준다.

예컨대 여러 명의 검투사가 경기장에 들어와 제멋대로 싸우는 것이 아니라 대부분은 서로 편을 갈라 짝을 이뤄 결투하는 형태로 경기가 진행됐다. 시합은 체급별 경기로 이뤄졌는데 당시 검투사 체급은 모두 일곱 단계였던 것으로 추정된다. 일례로 레타리우스는 그물과 삼지창으로 가볍게 무장한 검투사를 말하는데 이들은 중무장해서 움직임이 둔한 세쿠터라는 검투사와 짝을 이뤄 경기했다.

검투사들은 대부분 노예나 전쟁포로였고 때로는 지원한 자유민도 있었는데 이들은 혹독한 훈련을 받았고 충분한 식량을 받았으며 정기적으로 의료검사를 받았다. 검투사들은 현대의 프로선수처럼 상품 가치가 높았기 때문에 트레이너들은 검투사들을 아무렇게

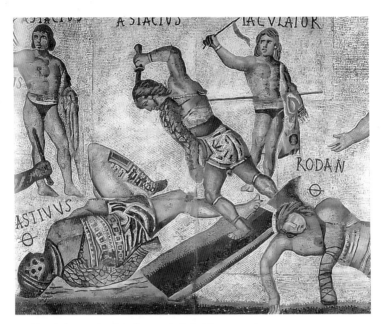

로마 모자이크 그림. 세쿠터(왼쪽)와 레타리우스(오른쪽)

나 경기에 내보내지 않았다. 최고의 검투사는 일 년에 두세 차례밖에 경기하지 않았다. 또 일부 검투사들은 은퇴할 때까지 죽거나 다치지 않고 건재하게 살아서 노후를 보냈다. 만약 시합 도중에 검투사가 사망하면 후원자인 스폰서가 거액의 보상금을 내놓았기 때문에 주최 측은 검투사가 죽더라도 큰돈을 벌 수 있었다고 한다.

1세기 무렵, 검투사 시합에서 검투사의 생존율은 90%가 넘었던 것으로 추정된다. 당시는 평균 수명이 아주 짧았던 시대로 사람들이 언제나 삶과 죽음 사이에서 위태롭게 줄타기를 하던 시대였던 만큼 보통 로마시민 가운데 절반 정도는 스무 살이 되기 전에 죽었다고 한다. 그러므로 대중의 즐거움을 위해 싸웠던 전문 검투사들은 관중들보다 더 오래 살았다고 할 수 있다. 경기장에 끌려 나온 죄수들은 십중팔구 대부분 죽음을 맞았지만, 전문 검투사들이 죽는 경우는 열 명 중 한 명꼴에 지나지 않았다.

로마의 검투사들은 시합장에서 상대편이 죽을 때까지 싸움을 벌였을 것이라는 오해는 과거부터 뿌리 깊게 이어져 전해졌다. 특히 최근에는 글래디에이터와 같은 할리우드 영화 때문에 잘못된 이미지가 더욱 심하게 고착됐다. 하지만 실제로 검투사들이 죽을 때까지 결투했다는 역사적 증거는 없다.

스포츠 경기로서 검투사 시합은 잘 조직화한 이벤트였으며 검투사들은 고도의 훈련을 받은, 오늘날의 프로선수와 같은 값비싼 상품이었다.

구경거리

　검투사 경기에 관한 자세한 기록이 적혀있는 문헌은 로마의 시인 마르티알이 쓴 시『구경거리』가 거의 유일한 기록이라고 할 수 있다. 이 시에는 서기 80년 티투스 황제가 로마 콜로세움에서 주최한 검투사 시합 첫날에 벌어진 베루스와 프리스쿠스의 경기 내용이 묘사돼 있다. 두 검투사는 백중세의 시합을 펼쳤으며 티투스 황제는 두 사람을 모두 승리자라고 인정하고 이들의 자유를 선언했다.

엄지손가락의 향배

　시합에 진 검투사의 운명은 관중들이 결정하는 것으로 알고 있다. 관중들이 엄지손가락을 아래로 내리면 죽음을, 위로 치켜세우면 관용을 베풀라는 뜻이었다는 것이다. 이런 이미지가 생겨난 배경은 로마 시인 주베날이 쓴 시『풍자III』가 근거가 됐다.

　주베날은 작품에서 엄지손가락의 방향에 따라 승부에 진 검투사의 운명이 결정됐다고 했는데 문제는 엄지손가락을 어떻게 움직이면서 의사표시를 했는지는 정확하게 설명해 놓지 않았다.

　일부 역사학자들은 엄지손가락을 위로 세우거나 내린 상태로 옆으로 흔들었다고 주장하는데 근거를 갖고 하는 말은 아니다. 사실은 주베날의 작품 속에서 적은 것처럼 엄지손가락으로 패배자의 운명을

내려진 엄지(Pollice Verso), 장 레옹 제롬

결정했는지도 확실치 않다. 『구경거리』를 쓴 로마시인 마르티알은 관중들이 패배자에게 자비를 베풀라며 손수건을 흔들고 목청껏 외쳤다고 적었기 때문이다.

　검투사가 항복을 원하면 무기를 아래로 내려뜨린 채, 왼쪽 집게 손가락을 들어 보이며 관중에게 자비를 요청했다고 한다. 이 경우 심판은 경기를 중단시키고 황제나 스폰서에게 경기 중단 여부를 물었다.

패탱 원수가
유대인 구출에 앞장섰다?

　　제2차 세계대전 당시 독일이 프랑스를 점령하면서 프랑스에는
친나치 정권인 비시 정부가 들어섰다. 그리고 비시 정부를 이끈 인
물이 제1차 세계대전 때 독일을 무찔렀던 프랑스의 영웅 페탱 원수
다. 나치에 협력한 비시 정부는 프랑스 중부의 온천 도시인 비시에
수도를 정했고 1940년부터 1945년까지 프랑스 전 국토의 약 5분의
2에 해당하는 지역을 통치했다.

　　독일에 점령당하기 직전인 1939년, 프랑스에는 유럽에서 두 번
째로 많은 유대인이 살고 있었다. 프랑스 거주 유대인 숫자는 대략
33만 명 정도였는데 절반은 프랑스계 유대인이었고 나머지 절반은
유럽의 다른 지역에서 박해를 피해 프랑스로 건너온 난민들이었다.

　　그러나 비시 정권이 들어선 이후 1942년부터 1945년 사이에 약

7만 6,000명의 유대인과 프랑스인이 나치 강제수용소로 보내졌다. 전쟁이 끝난 후 페탱 원수는 유대인 강제이주에 대해 자신의 결백을 적극적으로 주장하고 나섰다. 유대인 강제추방에 반대했을 뿐만 아니라 강제이주를 막기 위해 있는 힘을 다했다는 것이다. 그러니까 최선을 다했지만, 불가항력이었다는 것이다.

하지만 페탱의 주장과는 달리 페탱 원수 자신은 물론이고 비시 정부의 관료들이 유대인 강제이주에 적극적으로 협력했다는 증거물이 속속 발견됐다.

제2차 세계대전이 끝난 후 반세기가 지난 최근까지도 프랑스인들은 페탱이 마지못해 나치에 협력했다고 믿었다. 프랑스 비시 정부 역시 나치의 유대인 학살과 직접적인 관련은 없었다고 생각한다. 하지만 페탱에 대한 이런 이미지는 '어두웠던 시절'에 대한 기억을 애써 회피하고 싶은 프랑스인들의 심리에서 비롯된 것일 수도 있다. 점령을 당해 어쩔 수 없이 마지못해 협조하는 척했을 뿐이라는 자기변명일 수 있다.

로버트 아론이 1954년에 출판한 『비시 정권의 역사』라는 책에 이런 인식이 잘 반영돼 있다. 제1차 세계대전 당시 베르덩 전투의 영웅이었던 페탱 원수는 비록 나치에 협력해 어쩔 수 없이 비시 정부를 이끌기는 했지만, 사실은 연합국과 내통하고 있었다는 것이다. 연합국과 비밀리에 접촉하면서 나치 정권을 기술적으로 기만했다는 것이다. 그리고 실제로 비시 정부에서 나치 독일 정부에 협력하고 친나치 정책을 펼치며 반유대 정책을 강력하게 지지했던 인물은 페탱 원수가 아니라 내각 수반이었던 피에르 라발 수상이었다고 주장했다.

1972년 미국의 역사학자 로버트 팩스톤이『비시의 프랑스, 옛 영웅과 새 질서』라는 책을 출판하면서 페탱 원수가 저질렀던 친나치 행위에 대한 논쟁이 재연됐다. 그리고 페탱 원수에 대해 사람들이 품고 있던 동정적이었던 이미지가 무너졌다.

팩스톤은 프랑스와 독일, 두 나라의 각종 기록을 면밀하게 검토한 결과 페탱이 나치 정권을 기만하고 이용한 것이 아니라는 사실을 밝혔다. 독일은 페탱 원수에게 광범위한 자치권을 부여했음에도 비시 정부가 적극적으로 나서서 나치에 협력했다는 것이다. 비시 정부 스스로 나치의 지원을 받아 프랑스에 친나치의 새로운 질서를 만들려고 시도했다는 것이다.

팩스톤은 1981년 마이클 마러스와 공동으로『비시 정권하의 프랑스와 유대인』이라는 책을 출판하면서 다시 한번 페탱이 철저한 친나치 인물이었음을 강조했다.

비시 정부의 핵심 정책 중 하나가 반유대주의였으며 비시 정부의 관리와 경찰들이 유대인을 강제수용소로 보내는 데 적극적으로 개입했다는 것이다. 실제로 1983년에 프랑스 리옹의 독일 비밀경찰 게슈타포의 책임자였던 클라우스 바비가 체포돼 재판을 받았다. 재판을 통해 비시 정부가 유대인 대학살에 직접 관여했다는 사실이 드러났다. 그 결과 프랑스 측 협력자였던 폴 투비어가 1992년 체포돼 처벌을 받았다.

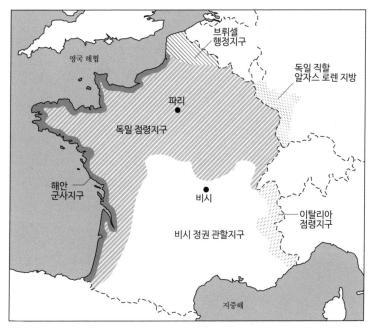

브뤼셀
행정지구

독일 직할
알자스 로렌 지방

영국 해협

파리
●

독일 점령지구

해안
군사지구

비시
●

이탈리아
점령지구

비시 정권 관할지구

지중해

비시 정권 관할 지구

1995년에 이르자 프랑스는 공식적으로 비시 정부에서 저질렀
던 반유대인 행위를 사과했다. 전직 비시 정부 관료 출신이었던 프
랑스와 미테랑의 뒤를 이어 쟈크 시라크 대통령이 집권한 것이 계
기가 됐다. 독일 점령군이 저질렀던 광기 어린 범죄 행위에 대해 당
시 프랑스를 장악했던 비시 정부가 적극적으로 협력했다는 사실을
프랑스 정부가 인정한 것이다. 이전까지 프랑스는 비시 정부는 나
치가 세운 불법적인 괴뢰집단이었기 때문에 프랑스를 대표하지 않
는다는 태도였다.

뒤를 이어 1989년에는 전직 파리 경찰국장을 역임하는 등 전후 프랑스 정부에서 각료를 지냈던 모리스 파퐁이 유대인 처벌과 관련된 혐의로 체포돼 수감됐다. 보르도 지방에서 자행된 유대인 강제 추방에 파퐁이 앞장섰던 사실이 밝혀졌기 때문이다. 이로써 프랑스가 유대인 대학살에 직접 공모했다는 사실이 명확하게 드러난 것이다. 프랑스 정부는 이후 생존 유대인들에 대한 보상과 재산권을 반환하는 작업에 착수했다. 그리고 그때까지 밝혀지지 않았던 비시 정부와 관련된 각종 자료를 공개하기 시작했다.

1940년과 1941년 두 해 동안 프랑스에서는 약 4만 명 이상이 유대인이 프랑스 영토에 있는 강제수용소에 억류됐다. 1942년 10월에는 아예 비시 정부가 나서서 유대인 난민 사냥에 나섰다. 그리고 약 1만 1,000명의 여자와 어린이를 파리 외곽의 드랑시 수용소에 가뒀다. 이곳은 주로 아우슈비츠로 보내는 유대인을 임시로 억류시켰던 곳이다. 1942년 한 해 동안 비시 정부에서는 4만 1,951명의 유대인을 독일로 강제 추방한 것으로 기록에 나와 있다. 1943년과 1944년에는 3만 1,889명을 강제 이송했다. 모두 7만 5,721명을 독일 강제수용소로 보냈는데 전쟁이 끝난 후 생존자는 불과 2,000명에도 미치지 못했다.

2010년 익명의 기부자가 보낸 문서 한 통이 파리의 홀로코스트 박물관에 전해졌다. 문서는 비시 정부에서 제정했던 최초의 반유대인 법령 원본이었다. 1940년 10월 발효된 이 법령은 유대인의 재산 몰수와 나치 강제수용소 이송, 그리고 유대인의 직업을 박탈한다는

1940년 10월 24일 몽투아르에서 히틀러를 만나는 페탱

등의 내용이 담겨있다.

기증된 1940년의 반유대인 법령 초안 및 관련 문서에는 다양한 주석이 적혀있다. 전문가들이 필적을 감정한 결과 페탱 원수의 친필이라는 사실이 확인됐다.

법령 초안에는 원래 프랑스에서 태어난 프랑스계 유대인 또는 1860년 이전 프랑스에 귀화한 유대인의 자손은 강제수용소에 보내지 않는다고 적혀있었다. 그런데 페탱 원수가 직접 고친 것으로 보이는 수정안에서는 이런 예외조항을 줄을 그어 지워버린 후 프랑스계이건 아니건 모든 유대인을 강제추방하는 것으로 수정됐다. 그뿐만 아니라 유대인들은 광범위한 분야에서 직업을 갖지 못하도록 하는 조항도 추가됐다.

문서를 공개한 역사학자이자 변호사인 서지 클라스펠드는 "문서 내용을 보면 법령을 제정하는 데 있어서 페탱이 적극적으로 참여했음이 여실히 드러나 있다"라고 말한다. 때문에 비시 정부의 반유대인 정책에 대해서는 수상이었던 라발에게만 단독으로 책임을 물을 문제가 아니라는 것이다.

아직도 많은 사람이 믿고 있는 것처럼 페탱 원수가 이끈 비시 정부가 유대인 난민을 강제 처형하는 과정에서 프랑스계 유대인은 보호하려고 애썼다는 말은 사실이 아니었다.

페탱 원수는 비시 정권이 출범했던 초기부터 유대인 강제추방으로부터 프랑스계 유대인을 보호할 생각이 없었다. 오히려 클라스펠드가 지적했던 것처럼 페탱은 적극적으로 법령의 초안을 유대인에게 불리하도록 수정했다. 그리하여 1940년의 독일보다도 더 강력한 형태로 프랑스에서 반유대인 정책을 펼쳤다.

새로 공개된 문서는 페탱 원수에 대한 역사적 재평가를 하는 데 있어 중요한 단서가 됐다. 그 결과 페탱이 대학살의 와중에서도 프랑스계 유대인을 구하려고 애를 썼다는 논쟁 역시 종지부를 찍게 됐다.

참고로 1940년부터 1944년까지 프랑스계 유대인은 15%가 처형당했다. 그리고 프랑스로 피난 온 난민들은 그 두 배가 넘는 숫자가 죽었다.

추수감사절의 유래는
사실일까?

미국의 추수감사절은 11월 넷째 주 목요일이다. 미국인들 역시 추수감사절이 되면 멀리 떨어져 있던 가족들이 고향을 찾아오고 식구들이 모두 모여서 함께 저녁을 먹으며 지난 한 해 동안 있었던 즐거운 일들에 대한 감사를 드린다.

일반적으로 미국의 추수감사절은 플리머스로 이주한 정착민들이 첫 수확물을 거둔 후 하느님께 감사예배를 드린 것에서 유래했다고 알고 있다. 메이플라워호를 타고 미국으로 건너온 청교도 정착민들은 혹독했던 첫해 겨울을 보냈다. 초기 정착민 102명 중에서 절반에 조금 못 미친 46명이 죽었을 정도다. 살아남은 정착민들은 이듬해인 1621년, 첫 작물을 수확하며 하느님께 감사의 기도를 올렸다.

첫 번째 추수감사절, 장 레온 제롬 페리스

　‘최초의 추수감사절’에 관한 기록은 당시 정착민 지도자였던 에드워드 윈슬로가 쓴 일기(Mourt's Relation)가 유일하다. 일기에 따르면 정착민들은 사흘 동안 축제를 열었는데 90명의 왐파노아그 인디언과 그들의 추장 마사소이트가 함께 참여했다고 나온다. 인디언들은 정착민들의 축제에 다섯 마리의 사슴을 선물했다.

　그러나 알고 보면 추수감사절의 기원은 사실 분명치가 않다. 다른 많은 이야기처럼 추수감사절의 유래 역시 사실과 전설이 뒤섞여 있기 때문이다. 무엇보다 기술적으로도 1621년에 열렸다는 추수감사 축제가 최초의 추수감사절이 될 수 없다.

　추수로 거둔 수확물과 행운에 대해 감사를 드리는 행사는 세계의 모든 문화권에서 공통으로 나타나는 의식이다. 그 때문에 미국의 추수감사절이 최초의 추수감사절이라는 표현은 전혀 어울리지도 않을뿐더러 신대륙인 미국에서조차도 1621년 이전에 벌써 추수 감사 의식이 거행됐었다.

유럽인들이 도착하기 이전, 수천 년 동안을 아메리카 대륙에서 살아왔던 원주민들의 추수 감사 의식을 제외하고라도 1578년에 뉴포틀랜드에 정착한 거주민들이 이미 미국에서 최초의 추수 감사 의식을 가졌을 것이다. 기록은 남아 있지 않지만 추수 감사예배는 유럽의 오랜 전통이기 때문이다. 이들이 아니더라도 최소한 뉴포틀랜드 정착민보다 앞서 플로리다에 정착했던 스페인 거주민들 역시 추수 감사예배를 드렸다.

제대로 된 추수감사절이라고 하면 역시 그 기원을 1621년의 축제 이후에서 찾아야 한다. 플리머스 정착민들은 1623년에야 비로소 진정한 의미의 추수 감사예배를 드릴 수 있었다. 2년 전에 거행한 행사에 비해 훨씬 성대한 축제였다. 농사에 충분한 비가 내려 풍성한 작물을 거둘 수 있었기 때문이다.

총독이었던 브래드포드는 하느님께 감사예배를 드린 후 이날을 추수감사절이라고 선포했다. 이후에도 필요할 때마다 감사의 날 행사가 열렸는데 추수 감사뿐만 아니라 전투의 승리를 기원하는 기도처럼 특별한 이벤트가 수시로 개최됐는데 어디까지나 지역 축제 수준이었고 그것도 어쩌다 한번씩 비정기적으로 열렸을 뿐이었다.

추수감사절을 정기적으로 기념하게 된 것은 1777년부터였다. 대륙 의회에서 최초로 추수감사절을 국경일로 선포했기 때문이다.

하지만 이것 역시 진정한 추수 감사의 의미라기보다는 독립전쟁 당시 사라토가 전투에서 영국군을 물리친 것을 기념한다는 의미가 더 컸다.

이후에도 의회의 많은 의원이 여러 차례 추수감사절을 공식적인 휴일로 지정해야 한다고 주장했지만 공휴일로서의 적법성과 추수감사절 날짜를 놓고 논쟁이 벌어지기만 했다. 워싱턴 대통령과 애덤스, 먼로 등은 추수감사절을 국경일로 선포해야 한다는 입장이었던 반면 제퍼슨과 잭슨 대통령은 종교적 기념일에 국가가 개입해서는 안 된다며 반대했다. 1850년대에 이르러서는 여러 주에서 독자적으로 추수감사절을 기념일로 정했지만, 주마다 날짜가 각각 달랐다.

추수감사절을 법정 공휴일로 선포한 사람은 링컨 대통령이었다. 남북전쟁이 진행될 무렵 전쟁으로 찢긴 나라를 하나로 묶는 데 도움이 될지도 모른다는 희망에서였다고 한다. 링컨이 처음 추수감사절로 선포한 날은 8월 6일이었다. 하지만 이듬해 임의대로 11월 마지막 목요일로 날짜를 변경했다. 그리고 루스벨트 대통령이 대공황 기간에 추수감사절을 한 주일 앞당겨 11월 네 번째 목요일로 정했는데 이유는 경기부양책의 목적으로 크리스마스 쇼핑 시즌을 늘리기 위해서였다.

미국에서 추수감사절을 특별히 1621년의 추수 감사 행사와 연계해서 기념하게 된 것은 19세기 말부터다. 추수감사절을 법정 공휴일로 정하면서 초기 정착민인 청교도와 왐파노아그 원주민과의 협력 관계가 재조명됐다. 플리머스 총독이었던 브래드포드가 쓴 초기 플리머스 식민지의 생활을 기록한『플리머스 농장』의 원고가 발견되면서 정착민과 원주민과의 관계가 밝혀졌기 때문이다. 또 1858년 미국의 시인 롱펠로우가『마일즈 스탠디시의 구혼』이라는 서사시를 발표하면서 초기 정착민들의 생활이 관심의 대상이 됐다. 그리고 골동품 수집가였던 알렉산더 영이 1841년 초기 정착민 지도자였던 에드워드 윈슬로우의 잃어버린 원고를 모아 책으로 발행하면서 1621년의 추수 감사 만찬 내용을 "최초의 추수감사절이며 최초의 뉴잉글랜드 추수 감사 축제"라고 강조했다.

20세기에 접어들면서 학교에서 어린이들에게 원주민과 사이좋게 지낸 착한 시민들이라는 내용으로 1621년에 있었던 추수 감사 만찬을 가르치기 시작했다. 1621년의 추수 감사 만찬은 지금도 학교 연극이나 야외극에서 인기 높은 주제 중의 하나다.

그리고 이 무렵부터 추수감사절의 성격도 공휴일로써 종교적인 색채에서 벗어나 세속적인 행사나 스포츠를 즐기는 날로 바뀌게 됐고 영국계 이민뿐만 아니라 세계 각지에서 미국으로 건너온 이민자들이 모두 참여하는 미국의 전통기념일로 자리를 잡았다.

미국에서는 지금도 추수감사절을 1621년의 만찬 행사와 깊은 관련이 있는 것으로 강조한다. 다양한 문화가 평화적으로 공존할 수 있음을 상징적으로 보여주고 집과 가족과 공동체의 소중함을 일깨울 수 있기 때문이다. 그러나 이런 연관성은 19세기 말에 비롯된 것이다. 링컨 대통령이 추수감사절을 법정 공휴일인 국경일로 선포한 것과 초기 플리머스 정착민들을 그린 원고가 발견되면서 추수감사절의 기원이 1621년의 추수 감사 만찬과 관계가 있다는 믿음이 굳어지게 되면서부터다.

추수감사절 조작설

지금 추수감사절의 기원이라고 믿고 있는 1621년의 만찬에 대해 당시 왐파노아그 원주민이나 영국에서 온 정착민들은 누구도 그 행사를 "추수감사절"이라고 말하지 않았다.

일부 학자들은 당시 있었던 사흘 동안의 축제는 원주민과 정착민의 무력충돌 방지를 다짐하는 정치적 회합의 성격이 강했다고 주장한다. 사실 당시에는 어느 쪽도 상대방을 완전히 믿지 않았다. 정착촌에 온 90명의 원주민은 모두 남자들이었고 정착민 사냥꾼의 총소리를 듣고서 찾아왔기 때문에 일종의 무력시위적인 성격이 강했다는 것이다.

다수의 원주민 출신 미국인들은 추수감사절은 자신들의 조상을 정복하고 학살했던 상징일 뿐이라고 말한다. 일부에서는 미국 정부가 무고한 원주민들에게 저지른 불의한 행위를 호도하기 위해 추수감사절 이야기를 조작했다고 비난하기도 한다.

칠면조 만찬

현대의 추수감사절 음식으로 칠면조 구이와 고구마 파이, 옥수수 빵, 으깬 감자, 크랜베리 소스, 호박파이 등을 꼽는다. 1621년 추수 감사 만찬 때 먹었던 음식과 비슷하다는 것이다. 하지만 대표적인 추수감사절 요리로 꼽히는 칠면조는 에드워드 윈슬로의 일기에서는 전혀 언급조차 되어 있지 않았다. "우리의 총독은 네 명의 사내를 보내어 새를 잡아 오도록 했다…. 이들 네 명은 주변의 도움을 받아 하루 만에 우리 일행 모두가 일주일 내내 먹을 수 있을 만큼의 새를 사냥했다."

당시 정착민들과 왐파노아그 원주민들이 10월 초부터 11월 초까지 야생 칠면조를 잡아먹기는 했다. 하지만 일기에 나온 것처럼 사냥꾼들이 잡아 온 새들은 야생오리나 거위와 같은 물새 종류였다. 윈슬로우가 왐파노아그 원주민들이 다섯 마리의 사슴을 선물로 가져왔다고 언급한 만큼 1621년의 만찬에는 사슴고기도 포함되어 있었다. 하지만 정착민들이 크랜베리 소스나 호박파이를 만들지는 못했을 것이다. 그런 음식을 만드는데 필요한 설탕이 없었기 때문이다. 물론 정착민들이 파이가 아닌 호박을 삶아 먹었을 수는 있었다. 그리고 추수 감사 만찬을 먹었을 무렵에는 크랜베리를 포함한 산딸기나 기타 과일은 이미 제철이 지났을 때였다.

올리버 크롬웰은
평민 출신이다?

무명의 지방 출신 인사였던 올리버 크롬웰이 1653년 잉글랜드, 스코틀랜드, 아일랜드를 지키는 호국경이자 공화정 최고 통치자로 우뚝 올라섰다. 귀족과 왕정의 압제에 반대해 왕정을 무너뜨린 혁명가로 크롬웰은 평민들의 영웅이 됐다. 그리고 갑자기 땅에서 솟아나기라도 한 것처럼 돌연 영국 최고의 권력자로 발돋움한 것이다.

하지만 사람들이 상상하는 것처럼 크롬웰은 이름 없는 시골의 평민 출신 인사가 아니다. 귀족가문의 뿌리를 이어받았으며 조상들은 절대 평민으로 분류할 수 있는 계층이 아니었다.

크롬웰은 1599년 헌팅턴셔의 비교적 부유한 집안에서 태어났다. 친척 중에는 상원의원과 하원의원을 지냈던 인물들도 있다. 크롬웰 가문에 전해지는 세습 작위는 없었지만 몇몇 남자는 기사계급

올리버 크롬웰

이었고 가문의 역사를 거슬러 올라가면 영국 왕가인 튜더 왕가와도
연결된다. 그 때문에 크롬웰은 튜더 왕가의 후손이라고도 할 수 있
다. 조상이 기사계급이었지만 크롬웰은 장남 집안의 장손이 아닌
부친이 막내아들이었기 때문에 꼬집어 귀족 출신이라고 말하기에
는 입장이 다소 애매한 부분도 있다.

　크롬웰의 증조할아버지는 웨일스 출신으로 이름이 모간 윌리엄
스였다. 증조부는 헨리 8세 때 재상을 지냈던 토머스 크롬웰의 장
녀, 캐서린 크롬웰과 결혼하면서 윌리엄스라는 웨일스 출신을 드러
내는 성을 버리고 대신 영광스러운 전통의 가문인 아내의 성, 크롬

웰을 선택했다. 그러므로 엄격하게 말하자면 올리버 크롬웰의 본명은 올리버 윌리엄스라고 해야 한다.

모간 윌리엄스는 토마스 튜더의 사생아 손자였다. 토마스 튜더는 튜더왕조의 첫 번째 왕인 헨리 7세의 아저씨뻘이 되는 인물이다. 헨리 7세는 또 튜더왕조의 창시자이며 프랑스 왕 샤를 6세의 딸인 캐서린 발로와의 남편인 오언 튜더의 아들이다. 그러니 올리버 크롬웰의 혈통은 튜더 가문의 핏줄은 물론이고 유럽 왕가의 혈통과도 연결된다.

크롬웰의 아버지 로버트 크롬웰은 엘리자베스 1세 때 하원의원을 지냈다. 하지만 아버지가 일찍 돌아가셨기 때문에 장남이었던 올리버 크롬웰은 열여덟 살의 나이에 가장이 되어 홀로 남은 어머니와 일곱 명의 결혼하지 않은 누이들, 그리고 1620년부터는 자신이 아내와 아이들까지 돌봐야 했다.

이 무렵 크롬웰은 경제적, 사회적으로 어려움을 겪는다. 연간 수입이 100파운드였기 때문에 젠틀맨의 지위는 유지할 수 있었지만 갈수록 경제적 상황이 어려워져 1631년에는 앵글리아 지역의 세인트 아이브스로 이사를 가야 했다. 크롬웰은 그곳에서 땅을 빌려 농사를 지었고 다른 자영농처럼 평범한 옷을 걸치고 지냈다. 그러나 크롬웰의 경제적, 사회적 몰락은 비교적 짧은 기간 내에 끝이 났다. 1636년 외삼촌 토마스 스튜어드에게 다양한 형태의 재산을 물려받았기 때문인데 덕분에 크롬웰의 연간 수입은 300파운드로 늘어났고 젠틀맨의 지위도 다시 유지할 수 있게 됐다.

한때 경제적으로 어려움을 겪기는 했지만, 크롬웰이 경력은 제대로 관리했던 것 같다. 이때의 활동은 후일 정치적으로 활동할 때, 그리고 군사적인 경력에 중요한 도움이 됐다. 1628년과 1629년 사이, 크롬웰은 의회에서 일하는 여덟 명의 사촌들을 도와 헌팅던의 의원으로 활동했다. 사촌인 존 햄프덴과 올리버 세인트 존을 비롯한 많은 친척이 장기 의회에서 일했으니 주변에 정치적 인맥이 만들어져 있었다.

크롬웰은 엘리자베스 부처라는 여자와 결혼했다. 런던의 부자 상인이며 지주였던 제임스 부처의 딸이다. 이로써 크롬웰은 청교도 지도자 가문과 연결이 됐을 뿐만 아니라 런던의 재력가 그룹, 그리고 네덜란드와도 정치적, 경제적으로 끈을 맺게 됐다.

1628년 무렵, 경제적으로 어려움을 겪던 시기에 크롬웰은 병마와도 싸우며 절망적인 세월을 보냈지만, 이때의 좌절을 통해 크롬웰은 정신적으로 강해졌고 강인하며 타협하지 않는 청교도적 신념을 키웠다. 1640년 크롬웰은 드디어 케임브리지 지역을 대표하는 의원이 되어 장기 의회와 단기 의회에 진출한다. 처음 의회에 등원했을 때 크롬웰은 시골 농부들이 입는 것과 같은 지극히 평범한 옷차림이었고 심지어 옷깃에 핏자국까지 묻어있어 화제가 됐다. 다른 동료의원들처럼 세련되고 말쑥한 풍채는 아니었지만, 의정활동을 시작하면서 크롬웰은 곧바로 사람들의 시선을 끌기 시작했다. 외모는 시골뜨기처럼 촌스러웠지만, 연설하면서 눈물을 뚝뚝 흘리기도 하는 등 종교적 신념으로 가득 찬 열정적인 의정활동을 펼쳤기 때문이다.

1645년 네이스비 전투에서의 크롬웰

크롬웰은 군 출신이 아니었고 군대 경험도 전혀 없었다. 하지만 의회파와 왕당파 사이에 내전이 일어나자 의회파를 이끌었고 1643년부터 1651년 사이에 눈부신 군사적 승리를 거뒀다. 그리고 이때부터 크롬웰은 의회파의 핵심 지도자로 떠올랐다.

한편 내전 기간에 크롬웰의 재정 상황은 빠른 속도로 호전됐다. 연 수입이 300파운드 남짓이었던 크롬웰이 1641년과 1642년, 아일랜드의 땅을 살 때 약 2,000파운드 정도의 큰돈을 보증금으로 제공할 수 있을 정도가 됐다. 나중에는 영국 전역에 퍼져있는 토지의 지대와 군인월급을 합쳐 연간 수입이 1만 파운드를 넘었다. 호국경이라는 영국 최고 권력자의 지위와 함께 개인적 부도 함께 거머쥔 것이다.

크롬웰의 정치적인 부상과 공화정이라는 혁명정부는 17세기 시대적 상황과 맞물려 유성처럼 나타났다가 순간적으로 사라졌지만, 크롬웰을 통해 민주주의의 싹이 트기 시작한 것은 분명하다. 그렇지만 크롬웰이 평민 출신의 영웅이라는 신화는 또 분명하게 사실과 맞지 않는다. 잠시 경제적 어려움을 겪으며 평민처럼 살았던 적은 있지만, 그리고 종교적 신념 때문에 평범하고 수수한 옷차림으로 지냈지만, 크롬웰의 혈통은 상류계층이었다. 튜더 왕가와 관련이 있는 정치인 정도가 아니라 튜더왕조의 창시자인 오언 튜더의 후손이었던 만큼 튜더 왕가의 일원이었다고 할 수 있다.

공화정 수반으로서 크롬웰은 본질적으로 혁명적일 수밖에 없다. 그렇지만 크롬웰은 사회개혁이나 평민의 권리 신장을 추구하지는 않았다. 내전이라는 격동기를 보내며 안정적인 정부 기능의 회복과 신앙의 자유 확대를 추진했을 뿐이다. 그러니까 크롬웰이 추구했던 것은 정치 사회적 개혁이 아니라 정신적, 윤리적 개혁이었을 뿐이다.

크롬웰은 국가나 사회를 구성했던 기존의 계급제도를 반대했던 적도 없다. 오히려 귀족과 신사, 자작농으로 이뤄진 계급구조를 지지했다. 평등사상, 이를테면 모든 사람은 법 앞에 평등하고 동일한 참정권을 가져야 한다는 사상은 무정부 상태에 버금가는 위험한 생각으로 치부했다. 기본적으로 크롬웰의 사상은 당시 영국 시골의 젠틀맨 계급이 갖고 있었던 범주를 벗어나지 못했고 같은 시대 동료 의회 의원들의 사상을 뛰어넘지도 않았다.

1945년 베트남 해방의
주역이 미군?

베트남은 제2차 세계대전이 벌어지고 있는 동안 줄곧 일본군이 점령하고 있었다. 그렇지만 형식적으로는 1945년까지 일본이 지배한 것이 아닌 프랑스령 인도차이나 일부로 남아 있었다. 1945년 3월에야 비로소 일본은 베트남에서 친독일 괴뢰정부인 프랑스의 비시 정부를 몰아내고 독립된 베트남 제국을 세운 후 바오타이를 황제로 옹립했다. 실질적인 지배에 이어 형식적으로도 일본이 프랑스를 몰아낸 것이다. 그렇지만 일본이 세운 괴뢰정부인 베트남 제국은 짧고 불안정했다. 같은 해 8월 일본이 연합국에 항복했기 때문이다.

제2차 세계대전에서 일본의 패전을 끌어낸 것은 미국이었지만 실제로 베트남에서 활발한 항일운동을 통해 일본군을 괴롭히고 일본으로부터 항복을 받아낸 것은 베트남 국민이었다. 반면 미국을 비롯한 연합국은 독립을 향한 베트남 국민의 염원을 짓밟았을 뿐만 아니라 베트남을 다시 프랑스의 식민지로 되돌려 놓았다.

제2차 세계대전이 일어난 초기에 프랑스는 무참하게 패배하면서 식민지에 대한 영향력도 잃었다. 특히 지리적으로 프랑스에서 멀리 떨어져 있었음에도 19세기 말부터 프랑스의 지배를 받았던 베트남은 일본의 손쉬운 먹이가 됐다. 일본은 프랑스 세력이 약화한 틈을 타서 동남아에서의 영향력을 넓히려고 했고 그 결과로 일본군이 베트남에 진군했다. 그리고 1945년 3월 9일, 형식적으로나마 프랑스령 인도차이나로 남아 있던 베트남에서 비시정부 소속의 프랑스군 잔존병력을 완전히 몰아냈다.

일본군이 베트남을 장악하면서 베트남 국민과 드골이 이끄는 프랑스 망명정부는 즉각적으로 반발했다. 드골 장군은 1945년 3월 24일, 전쟁이 끝나면 베트남과 인도차이나의 프랑스 식민지에 독립 정권을 세울 용의가 있다고 밝혔다. 그렇지만 드골의 성명에는 인도차이나에서 프랑스의 주권을 계속 유지하겠다는 의도가 감춰져 있었기 때문에 대규모 반발에 부딪혔다.

공산당 지도자 호찌민과 그가 이끄는 독립 전선 베트민은 베트남의 완전 독립을 주장했다. 1941년에 결성된 독립 전선은 베트남 전역에 걸쳐 공산당 조직을 심어놓았고 광범위한 지지 세력을 확보한 상태에서 당시 베트남의 강력한 정치세력으로 부상해 있었다.

이런 상황에서 연합국은 독립을 향한 베트남 국민의 열정을 지지하지 않았고 프랑스의 눈치를 보느라고 베트남 독립문제에 개입하기를 꺼렸다. 1945년 9월 2일, 맥아더 장군이 도쿄에서 일본 군의 항복을 접수했지만, 그때까지도 연합군은 베트남에 진출하지 않았다.

연합군의 진군이 지체되면서 베트남 국민은 직접 종전상황을 통제하게 됐다. 1945년 8월 혁명을 통해 베트남 제국을 무너뜨린 호찌민과 베트민은 직접 베트남 주둔 일본군의 항복을 받아냈고 하노이에서 정권을 잡았다. 그리고 9월 2일, 호찌민은 베트남 민주공화국의 독립을 선포하는 것과 동시에 바오타이 황제의 퇴위를 선언했다.

새로 설립된 베트남 정부는 해리 트루먼 미국 대통령에게 승인 지원을 호소하는 등 다각적인 노력을 기울였지만, 연합국은 베트남의 독립을 인정하지 않았다. 호찌민이 이끄는 베트민은 베트남 국민의 광범위한 지지를 받기는 했지만, 군사력, 경제력, 행정력 등의 부족으로 외세의 개입 없이 독자적으로 독립을 하기에는 역부족이었다.

따지고 보면 프랑스의 식민지 지배를 반대했던 루스벨트 대통령이 사망하고 그 뒤를 이어 1945년 4월에 트루먼이 미국 대통령에 취임하면서 베트남의 독립은 이미 물 건너갔다고 할 수 있다. 1945년 7월, 포츠담 회담에서 연합국은 프랑스 군대가 인도차이나에 다시 주둔하는 것을 승인했다. 그리고 영국이 북위 16도선 이남의 일본군 무장해제와 프랑스군 재무장을 담당했다.

식민주의가 부활했고 프랑스가 또다시 인도차이나의 합법 정부

1945년 OSS와 함께 있는 호치민(왼쪽에서 세 번째, 서 있음)

로 인정받은 것이다. 미국이 프랑스의 인도차이나 재식민지화를 지원한 것은 구소련의 위협에 대응하는 프랑스의 역할 때문이었다.

1945년 10월 5일, 미국 국무부 장관 딘 애치슨이 보낸 전문을 통해 미국이 프랑스의 인도차이나 지배를 승인했다는 사실이 확인된다. 미국 정보기관인 OSS의 책임자였던 윌리엄 도너번 역시 공산주의자들의 위협에 맞서 유럽이 인도네시아에 제국을 유지할 필요가 있음을 강조했다. 프랑스의 식민지 재지배가 시작된 것이다.

이로써 베트남 독립의 꿈은 좌절됐다. 1946년 3월 영국은 베트남에서 물러났고 프랑스가 다시 되돌아 왔다. 그러나 독립에 대한 베트남 국민의 열망은 높았다. 1946년 12월 19일, 베트민이 프랑스에 대해 제1차 공세를 주도하면서 1954년까지 지속한 베트남 독립전쟁이 시작됐다. 베트남 독립전쟁은 프랑스가 디엔 비엔 푸 전투에서 패하면서 끝이 났고 프랑스는 베트남에 대한 식민지 지배권을 완전히 잃었다.

그러나 독립전쟁이 끝나면서 베트남은 분단됐다. 북쪽에는 호찌민이 이끄는 공산당의 베트남 민주공화국이 세워졌고 남쪽에는 고딘 디엠의 베트남 정부가 들어섰다. 1950년대 말, 호찌민이 남쪽을 상대로 게릴라전을 전개하면서 시작된 베트남 전쟁은 1976년 7월에야 끝이 났다. 마침내 남과 북이 통일되면서 베트남에는 사회주의 공화국이 성립됐고 피비린내 나는 동족상잔의 전쟁도 막을 내렸다.

1945년 일본의 항복을 받아낸 것은 호찌민과 베트민이었다. 일본이 베트남을 침략했을 당시부터 프랑스의 식민지 지배는 이미 종식된 것과 다름없었고 베트남 국민의 독립 열망도 높아졌지만, 종전후 미국과 연합국이 개입하면서 프랑스의 식민지 지배를 연장했다.

독립을 향한 베트남의 오랜 소망이 실질적으로 이뤄진 것은 북베트남이 남베트남과 미국에 대해 승리를 거두면서부터다. 1969년 사망한 호찌민은 단지 일본만 물리쳤던 것이 아니라 프랑스와 남베트남 그리고 미국을 모두 물리친 베트남 독립의 영웅이었다.

프랑스령 인도차이나 약사

프랑스는 1887년 베트남의 3개 지역인 북부의 통킹, 중부의 안남, 그리고 남부의 코친차이나와 캄보디아를 모두 합쳐 프랑스령 인도차이나를 설립했다. 1893년에는 여기에 라오스까지 추가됐다. 그러나 제2차 세계대전이 일어나면서 유럽의 낡은 제국주의에도 종말이 왔다. 이후 프랑스는 일본이 베트남을 점령하고 베트남 국민이 독립을 쟁취하는 과정을 무기력하게 지켜볼 수밖에 없었다. 1949년에는 캄보디아와 라오스가 프랑스 연합이라는 이름으로 자치권을 얻으며 왕국으로 독립했다. 그렇지만 인도차이나의 다른 여러 나라와 달리 정치적으로 역동적이었고, 자원 역시 풍부했던 베트남은 여전히 외세의 간섭에 시달려야 했다.

프랑스가 인도차이나의 식민지 경영에서 완전히 손을 뗀 것은 1954년에 맺은 제네바 협약 이후부터다. 제네바 협약의 주요 내용은 인도차이나 각국의 영토 보존과 이 지역에서의 외세 개입 및 적대행위 중단 등이었다.

옮긴이의 말

사실이라고 믿어 의심치 않았던 상식, 학교에서 배워 당연한 것
으로만 알았던 지식이 갑자기 진실과 정확하게 일치하지 않는다는
것을 깨닫고 당혹감을 느껴본 적은 없는지….

어찌 보면 우리는 강요된 지식, 고정관념의 덫에 빠져 사는 것
인지도 모른다. 예를 들어 부족한 정보로 왜곡된 역사를 진실로 알
수도 있다. 관점의 차이에 따른 또 다른 해석을 마치 실체의 전부인
양 착각하고 지낼 수도 있다. 아니면 진실은 하나인데 시대변화에
따라 풀이가 달라지면서 혼란이 생기는 경험을 할 수도 있다. 혹은
불변의 진리라고 믿었던 팩트(fact)조차도 실은 잘못된 것일 수 있다
는 사실이 당황스럽다.

『만들어진 세계사』는 불편하면서 흥미로운 책이다. 확신하고 믿

었던 사실이 무참하게 깨질 수도 있다는 점에서 마음이 편하지만은 않기 때문이다. 물론 이 책에 실린 내용은 사소한 단편적 사실일 수도 있고, 혹은 관점에 따른 해석의 차이일 수도 있으니까 크게 마음에 담지 않아도 된다. 솔직하게 말하자면 나와는 직접적인 관계가 없는 역사적 사실의 단편들이니 흥미롭게 읽으면 그뿐이다. 하지만 그동안 내가 배워 알고 있던 사실이 모두 정확하지 않을 수도 있다는 깨달음은 마음을 불편하게 만든다.

한편으로 이 책은 무척 흥미롭다. 불편한 것과 마찬가지 이유인데 새로운 각도에서 사실을 들여다보고, 무엇이 고정관념이었고 무엇이 잘못된 상식이었는지를 찾아보는 재미도 있다. 원초적인 질문을 던져 볼 계기를 마련해 주었다는 것 역시 이 책이 제공하는 성과다.

우리가 알고 있는 역사적 사실은 진실인지? 예를 들어 어렸을 적 토마토는 채소라고 배웠는데 과연 맞는 말인지? 토마토는 왜 과일이 아니고 채소라고 했는지? 단순한 지식뿐만이 아니라 실제 생활에서도 내가 친구라고 믿고 있는 저 사람이 과연 친구인지 아닌지? 친구라면 왜 친구라고 믿고 있는지? 등등 다양한 의문을 품어 볼 수 있겠다.

그렇게 보면 이 책 역시 마찬가지다. 저자도 인정하는 것처럼 저자가 잘못된 사실이라며 배드 히스토리라고 단정하고 있지만, 그 단정 자체가 근거로 들고 있는 팩트가 진실과 어긋난 것일 수 있고, 혹은 잘못된 해석일 수도 있다.

이 책에 나오는 사례 대부분은 우리가 알고 있는 역사적 사실들이다. 물론 영국인의 관점에서 본 것이기에 디테일한 부분은 우리에게 크게 와 닿지 않는 부분도 많다. 그렇지만 이 책을 통해 우리가 아는 상식의 어떤 부분이 잘못된 사실인지 알아가는 재미도 적지 않다. 또한, 옳다고 믿었던 지식에 대해 "과연 진짜일까?"라는 의문을 품어보는 것도 이 책을 읽은 성과가 될 수 있다.

윤 덕 노

만들
어진
세계
사

초판 1쇄 인쇄 2024년 7월 22일
초판 1쇄 발행 2024년 7월 29일

지은이 엠마 메리어트
옮긴이 윤덕노
펴낸이 이효원
편집인 강산하
마케팅 추미경
디자인 페이퍼컷 장상호(표지), 기린(본문)
펴낸곳 탐나는책
출판등록 2015년 10월 12일 제2021-000142
주소 경기도 고양시 덕양구 삼송로 222, 101동 305호(삼송동, 현대해리엇)
대표전화 070-8279-7311 **팩스** 02-6008-0834
전자우편 tcbook@naver.com

ISBN 979-11-93130-78-0 03900